王 貞治
岡田武史

人生で本当に大切なこと

壁にぶつかっている君たちへ

GS 幻冬舎新書 236

JN276260

はじめに

王 貞治

僕は2006年に胃がんの手術をしました。それまで胃腸は人よりずっと丈夫で、毎年、健康診断も欠かさなかったのですが、急に胃の調子がおかしくなり、検査を受けたら、がんが見つかったのです。

手術で胃を全部取りました。でも、その後は順調に回復し、いまはプロ野球、福岡ソフトバンクホークスの球団会長をはじめ、いくつかの仕事を毎日楽しくこなしています。

胃がんの手術をする前には、敬愛《けいあい》する父を見送ったり、長年苦労をかけた妻に先立たれたりという経験をしましたが、自分は身体《からだ》が丈夫で健康だったこともあり、「死」というのは何か遠いことのように感じていました。でも、手術の麻酔から覚めたとき、僕は初めて自分にも必ず「お迎え」が来るんだということをはっきりと意識したのです。

いまは、一度失いかけた命を永らえさせてもらっているという思いがあり、もう何かを守ったり遠慮したりする必要もなく、自分が世の中の役に立てることがあったら、どんどんやりたいと考えています。

今回、サッカー日本代表などの監督を務めた岡田武史さんと対談したのは、中学生や高校生など若い世代の君たちに、僕たちがこれまで考え、行動し、経験する中で見つけた「人生で本当に大切なこと」をぜひ伝えたいと思ったからです。

君たちの中には、「頑張ったのに結果が出なくてやる気がなくなった」「友だちとケンカして学校に行きたくない」「勉強する意味がわからない」なんていう人がいるかもしれません。でも岡田さんや僕だって、最初から何もかもがうまくいったわけではありません。受験に失敗したり、試合で結果が出なかったり、プレッシャーに押しつぶされそうになったりしながら、それでも諦《あきら》めずに前へ前へ進もうとして、今日《きょう》までできました。

対談の中に、何かひとつでも君たちの励ましになったり、元気が出るきっかけになったりするものがあれば、こんなにうれしいことはありません。

そんな思いと願いを込めて、岡田さんと語り合った言葉を、君たちの瑞々《みずみず》しい感性で受け止めてもらえれば、この上ない喜びです。

人生で本当に大切なこと／目次

写真　ヤマグチタカヒロ

編集協力　古井一匡

第1話　僕たちもこれまで、たくさんの「不安」や「悔しさ」を味わってきた

不安があるから努力できる

岡田　今年（２０１１年）３月11日に起こった東日本大震災では、東北地方を中心に大きな被害が出ました。いままでなんとなく当たり前だと思われていた毎日の安心が崩れ、さらに原発の事故もあって、「これからどうなるんだろう」「このままで大丈夫なんだろうか」という不安な感じをみんな持っています。

王　本当に大変な災害でした。こんなことが起こるとは、いまでも信じられません。

岡田　実はその後、被災地を訪ね、ボランティアで子どもたちにサッカーを教えたりする中で、〝はっ〟と気づいたことがあります。

まわりは瓦礫《がれき》だらけ、どこから手をつけたらいいかわからないような状況で、子どもたちも最初は表情が硬《かた》いんです。でも、慣れてくると無邪気《むじゃき》な笑顔が浮かび、ワーッと歓声《かんせい》が上がります。すると、暗く沈んでいたまわりの大人たちの表情も明るくなっていくんです。お互い顔を見合わせたりして、いままで忘れていた笑顔の輪が広がっていくさまを目《ま》の当たりにすると、「そうか、社会にとって子どもこそが希望なんだ」ということを改めて思い知らされました。

王　僕も被災地を訪ねて、少年野球チームや中学校で野球の指導をしたり、講演をしたりしています。行く先々でいわれたのが、「子どもの笑顔がみんなを明るくしてくれる」ということです。本当に子どもの力はすごいですね。

被災地の方《かた》たちには、僕らからは窺《うかが》い知れない心の痛みもあるだろうし、行く前には少し遠慮するというか、ためらうところがありました。でも、現地で多くの子どもたちと触れ合ってみて、その目の輝きには何かこう、目の前の困難を乗り越えていくに違いないと感じさせるエネルギーがみなぎっていました。力いっぱいバットを振《ふ》ったり、真剣な表情でボールを追ったりする姿を見て、逆にこっちが勇気をもらったほどです。

岡田　ただ、その一方で、被災地ではないところで普通に暮らしながら、「この先どうなるのか不安だ」とか「どうやって生きていけばいいのかわからない」といって悩んでいる人も少なくありません。

日本では1年間に自殺する人が13年連続で3万人を超えていますし、いわゆる「ひきこもり」も全国に約[*1]70万人いるそうです。

僕の取り越し苦労ならいいんですが、特に若い世代に無気力や無感動が広がっているような気がします。

王　先が見えないことに、振り回されているんじゃないでしょうか。いまの大震災からくる不安と、若い人特有の不安とはちょっと違うでしょうが、若い頃は誰だって不安だらけで、それが当たり前なんです。不安がないほうがおかしい。

中学3年生くらいになれば、たとえば将来の進路について「自分は何に向いているんだろう」「自分にはどれくらい能力があるんだろう」と不安に思うのが普通です。学校の成績のこと、家族のこと、友だちのこと、あるいは体型とか容姿のことで悩む人もいるでしょう。

そういう不安や悩みの多くは、簡単に答えが出るわけじゃないから繰り返し頭に浮かんできて、胸が苦しくなったりします。人に相談できなくて、よけいに「こんなに苦しんでいるのは自分だけだ」と思い込んでしまったりもします。

でも、そういう人にはぜひ、「それが当たり前なんだよ」といってあげたいですね。

いまの時代、大震災の他にも、テレビをつけると信じられないような事件が次から次へと起こっていて、そうした嫌《いや》なことから目をそむけたくなるのは誰だっ

＊1――内閣府「ひきこもりに関する実態調査」（平成22年7月）は、全国のひきこもりの子どもと若者（15歳から39歳）は約70万人、ひきこもりに近い心の状態にある人は155万人と推計。

て同じです。

でも、そうやっているとつい、自分の不安や悩みからも目をそむけてしまうようになるんです。世の中の嫌なニュースは見なければそれで済むけれど、自分の不安や悩みは放っておいてもなくなりません。

若い人たちにはまず、自分の不安や悩みから目をそむけず、しっかり向き合ってほしいと思いますね。

岡田　僕自身の若い頃を思い出してみると、どちらかというと神経質でネガティブなタイプでした。これまでの人生もアップダウンが激しく、うまくいかなくなるとすごく腹が立ったり、イライラしたりしていた記憶があります。

でも、どんなに深刻な不安や悩みだって、命をとられるほどじゃない。そういうことがわかってくると、「まあ、なんとかなるだろう」と考えられるようになってきました。

王　そうそう。不安から逃げないで向き合っていると、慣れてくるんです。

僕は巨人に入団してから3年間はなかなか打てなくて、「このままプロでやっていけるんだろうか」という不安に押しつぶされそうでした。だから夢中で練習したんです。チーム練習や試合の後、毎日荒川コーチ[*2]の家へ行って夜中の1時か2時までバットを振ったり、本物の日本刀で藁《わら》の束《たば》を切る練習をしたりしていました。

「大学へ行け」という親の反対を押し切って進んだプロの道ですから、思い切ってやっていくしかない。不安がむしろ原動力になって、「一本足打法[*3]」をつくり

*2—荒川博は、元プロ野球の選手、コーチ、監督。選手時代に中学生だった王に左打ちをアドバイスし、また巨人軍の打撃コーチのときに王を指導するなど、「一本足打法」の完成に大きな影響を与えた。
*3—野球のバッティングフォームのひとつ。投手が球を投げる動きに合わせて片方（投手側）の足を上げ、タイミングを計りながら強く踏み込んで打つもの。王の一本足打法は特に足を高く上げることで知られ、「フラミンゴ打法」とも呼ばれた。

あげることができたんです。
もちろん、不安で眠れないときもありました。そういうときは、頭の中にある不安がモヤモヤした塊になっている様子をイメージして、それが頭からゆっくり足のほうへ移動し、最後は足のつま先から身体の外にスルリと出て行くのを想像するんです。あるいは、不安とか心配を心の中で打ち消すだけじゃなく、実際に「フッ」という声を出して、吹き消すようにしていました。
こういう方法は、荒川コーチに連れて行ってもらった合気道《あいきどう》の道場の先生が教えてくれたのですが、なかなか効果があります（笑）。

岡田　王さんでも不安で眠れないことがあったなんて、驚きですね。

王　こう見えても繊細《せんさい》なんですよ（笑）。
監督をやっているとき、「昨日は不安でなかなか眠れませんでした」なんていう選手がいたら、いまいったようなやり方を教えていました。

でも、そういう選手も試合になれば、ちゃんと打ったり投げたりするんです。要《よう》は気の持ちようなんですが、当人は不安のほうに目が向いているため、そんなことをいわれてもわからないんですね。

岡田　不安がない人間はいないわけで、大人だって最近は、「会社が倒産しないか」「リストラされるんじゃないか」「病気になるんじゃないか」といったことが気になり、不安や悩みに押しつぶされて病気になったり、自殺してしまう人もいます。

王　逆に、不安や悩みのまったくない人は、人生と真剣に向き合っていないから、あまり大した成果を上げることができないということもいえます。

僕は巨人に入団した初めの3年くらいを除いて、他の多くの野球選手みたいに、「レギュラーに定着したい」といったことでは悩みませんでした。でも、「どうやったらもっとうまくなるだろう」「もっとたくさんホームランを打つにはどうしたらいいだろう」という悩みは、引退するまでずっと持っていました。
「もうこれでいいや」と思ったら終わりなんです。成長はそこでストップします。
「次は大丈夫だろうか」という不安があるから、努力できるんです。

怒りや悔しさを抑えるな

王　岡田さんと同じで、僕も若い頃は感情の起伏《きふく》がすごく激しいほうでした。プロの世界でそれなりに成績を残せるようになってからも、大事な試合で凡退《ぼんたい》したときなんかは、バットを思い切りグラウンドに投げつけたり、試合の後、自宅まで車を飛ばして帰ったりしていました。そうやって怒りや悔《くや》しさといった感情をなんとかコントロールし、次の日に持ちこさないようにしていたんです。

腹を立てない人はいないわけで、ミスして怒らないようではだめです。下手《へた》に抑《おさ》えすぎてもストレスになりますから、一時《いっとき》、思い切り感情を爆発させて、それから気持ちを切り替えて、次のことに集中するんです。

岡田 王さんがバットをたたきつける姿もちょっと、想像できませんが……。

王 若い頃は悔しい気持ちを抑えられなくて、よくやっていました。二十歳《はたち》頃の映像も残っています。

そういう感情はあまり杓子定規《しゃくしじょうぎ》に抑えつける必要はないんです。若いうちは素直に表《おもて》に出せばいいと思います。

ただ、30歳くらいになると怒りや悔しさを何度も経験して、そういう感情が起こってもそのまま呑《の》み込まれるんじゃなくて、一歩引いて客観的に見ることができるようになりました。そうすると、抑えが利くようになるんですね。

岡田 僕はだいぶ丸くなったつもりですが、まだまだ短気はなおりません。自分が理不尽《りふじん》だと思ったことにはすぐ「冗談じゃない！」とキレます（笑）。

監督時代の記者会見でも、ずいぶん記者とケンカしました。選手の起用《きよう》法などについて「こうしたほうがよかったんじゃないですか？」なんて質問されたら、「あなたと一緒じゃなくてよかった。一緒だとアマチュアと同じレベルということになってしまうから。あなたは自分で何もしないし、責任も取らないでしょう？　僕は自分で決めて、自分で責任を取るんです」なんて、平気で答えていました。だから、記事でボロカスに書かれたりしたんですけどね。

最近は「なるべく腹を立てないようにしましょう」「くよくよ悩むのはよしましょう」といった本が売れているようですが、怒りや悩みといったものも全部ひっくるめて、ひとりの人間なんです。そうした心の動きの一部だけ都合よく切り離して取り除くなんて無理なことです。負の感情をなくしたいと思うなら、まったく別人になるしかありません。でも、そんなことはお釈迦《しゃか》さまかイエス・キリストでもない限り難《むずか》しいでしょう。

負けたら思い切り悔しがれ

岡田　負けて悔しくなかったら嘘《うそ》ですよ。

僕はジャンケンで負けるのも嫌な性質《たち》で、遊びでサッカーのミニゲームをやっていたとき、審判役《しんぱんやく》のコーチが見間違えて、相手のゴールを認めたんです。「入ってないだろう」と抗議《こうぎ》したら、「いや、ゴールはゴールだ」というので、頭にきてゼッケンを投げ捨てて帰っちゃったことがあります。

試合に負けた後、ロッカールームで笑っている仲間も許せませんでした。全力を尽《つ》くして負けるのはしょうがありません。でも、全力を尽くしたのなら「相手のほうが強かったから仕方ない」なんていって平気な顔をしていられるわけがない。

いつまでも負けを引きずれとはいいませんが、少なくとも試合後すぐ、ロッカールームで笑っていられるのは全力を尽くしていない証拠《しょうこ》ですから、我慢《がまん》できませんでした。
そんなわけで高校時代、試合に負けると仲間はみんな「帰りにお好み焼きでも食べに行こうぜ」なんて笑いながら話をしているのに、僕だけ「冗談じゃない」と捨《す》て台詞《ぜりふ》を残して帰っていました。みんなは「おいおい、また岡田が怒って帰っちゃったよ」と呆《あき》れていましたけれどね（笑）。

王　そうです、そうです。まだそんなに経験がないときは悔しさもさほど感じないんですが、だんだん上達してくるにつれ、負けたときの悔しさが大きくなっていくんです。
切り替えはもちろん必要です。でも、勝ち負けにこだわって自分を追い込むことができないと、自分が本来《ほんらい》持っているはずの強みとか長所といったところも発揮できません。

岡田　勝ち負けにこだわったり、負けて悔しがったりする選手というのは、ときには先輩たちから、「生意気《なまいき》だ」と思われるかもしれませんが、それくらいでないと思い切りのいいプレーはできないし、どのジャンルでも一流にはなれないものです。

王　遊園地に巨大迷路がありますよね。上のほうから見ればいまどこにいるのか、どっちへ進めば出口にたどりつけるのか一目瞭然《いちもくりょうぜん》ですが、中にいると見当がつかず同じところをグルグル回っていたりします。

人生もそれと一緒で、本人は一生懸命なんだけど、同じところをグルグル回っている感じがすることがあって、でもそこで「なにくそ」ともう1回やってみるか、「もういいや」と諦めるかで大きな違いが生まれます。

僕自身、失敗したときの悔しさほど強烈に残っています。まわりの人は記録に残るホームランや劇的な場面を褒《ほ》めてくれるんですが、本人としてはそういうのはあまり憶《おぼ》えていないんです。逆にいうと、うまくいったことやよいときのことしか憶えていない人は、あまり伸びません。

人間はね、そんなに賢くないから、失敗しない限り学べないんです。失敗することで「これをやったらだめ」「こうやればうまくいく」ということがわかってきて、自分なりの答えの〝引き出し〟が増えていきます。すると、まったく初めての状況にぶち当たっても、それまでの経験値《けいけんち》から、それなりに対応できるようになるんです。そういう答えの〝引き出し〟が少ないとしたら、それは失敗や挫《ざ》折《せつ》が足《た》りないんです。

岡田　不安や悩み、怒りといったものは、生きている間は途切《とぎ》れることがないし、むしろ人生を前向きに進んでいくためのエネルギー源なんだと考えたらいいんでしょうね。

第1話のまとめ

●若い頃は不安だらけが当たり前。自分の不安や悩みから目をそむけず、しっかり向き合おう。
●勝ち負けにこだわったり、負けて悔しがったりしないと、一流にはなれない。
●失敗や挫折を通して、自分なりの〝引き出し〟が増えていく。

第2話 どんなに順調そうに見えても右肩上がりの人生なんてない

人生はジグザグに進んでいく

王　これまで僕には、僕なりの苦労や悩みがいろいろありました。本当にあっちで転《ころ》びこっちで躓《つまず》き、それでも「なにくそ」と思いながらやってきました。

現役時代は毎年毎年、ホームラン王を獲《と》ることがノルマみたいになっていて、そのプレッシャーやストレスは、それはもう強烈なものでした。

特にスランプに陥《おちい》ったときは、食事をしても食べ物の味なんてわからないくらいになります。寝ても覚めても「どうやったら打てるんだろう」とそればかり考えて、文字通り七転八倒《しちてんばっとう》する感じです。

それで僕は、「七転《ななころ》び八起《やお》き」という言葉が好きなんです。

岡田　不思議なもので、浮き沈みのない人生なんてないですね。

僕の人生はいままで、3歩進んで2歩下がるということの繰り返しでした。うまくいっていても、必ず次には躓いて大変な目に遭《あ》う。でも、そういうのを繰り返しながら、少しずつ前進してきた感じがします。

選手にもよく、「右肩上がりに伸びたやつはいない」といっています。

昨年（2010年）のワールドカップ・南アフリカ大会の前、ある若手選手が代表合宿で一度、僕のところに相談に来たことがあります。その前からなんだか悩んでいる様子で、なんで悩んでいるのか実は原因もわかっていたんです。で、「そろそろ相談に来るかな」なんて思っていたら、本当にやってきた。

よくあることなんですが、サッカー選手がスランプに陥るのはだいたい、体調を崩したりケガをしたりするか、自分よりうまいやつが出てくるかのどちらかです。彼の場合も、同年輩でテクニックのある選手が入ってきたので、ちょっと自信がなくなったんですね。

そういうとき、みんな異口同音《いくどうおん》にいうのは、「前できたプレーができない」ということ。そんなとき僕は、「一直線にうまくなったやつなんていないぞ。みんな何度も調子が落ちて、そこからまた上がっていくんだ。なんでスランプがあるかというと、一段高いところへ飛び上がるためなんだ。ジャンプするとき、誰だって一度かがむだろう。それと同じで、スランプのときこそ前と同じところを見るんじゃなくて、飛び上がる先のほうを見ないとだめなんだ」とアドバイスします。

選手個人にしてもチームにしても、調子が悪くなったとき、過去のよかったときや黄金時代に単純に戻ろうという発想だと、絶対うまくいかないですね。元に戻るんじゃなくて、もっと先へいくんだ、もっと高いところを目指すんだという気持ちでいかないと、後戻りしたままになってしまいます。

王　ジグザグを描《えが》きながら上がっていくというのは、スポーツだけじゃなくてどんな世界でも同じでしょうね。

大事なのは、うまくいかないときに「もうだめだ」「限界だ」なんて簡単にくじけたり、諦めたりしないことです。「明けない夜はない」「やまない雨はない」といいますが、諦めさえしなければ、たいていのことは乗り越えられるものです。

岡田　誰でもジグザグを描きながら上がっていきますが、その途中では何事もポジティブに考え、物おじせず積極的に出ていくタイプのほうが大きく伸びるように思います。最近のサッカー選手でいえば、香川《かがわ》（真司《しんじ》）とか長友《ながとも》（佑都《ゆうと》）がそうです。

この前、Jリーグのある選手に用事があって電話したとき、横で長友が自主トレしていて、ちょっと話をしたいというので代わってもらったら、「僕のためにわざわざ電話していただきありがとうございます！」ですからね（笑）。「お前は何者だ」というくらいの勘違《かんちが》いですが、これくらいポジティブなほうが間違いなく伸びます。

王　確かに大物《おおもの》だね（笑）。

壁が大きいほどチャンスになる

岡田　スランプはどちらかというと調子の波ですが、人生において、向こうのほうからとんでもない試練《しれん》がやってくることもあります。僕はそういう試練を「壁《かべ》」と呼んでいて、不思議に、ある間隔《かんかく》で繰り返し繰り返し「壁」が現れるんです。

僕にとってこれまででいちばん大きな壁は、1998年のワールドカップ・フランス大会のアジア最終予選で突然、代表監督になったことでした。

当時、僕はコーチしかやったことがなく、Jリーグでは監督の経験がありませんでした。それが、遠征先《えんせいさき》のカザフスタンで前任の加茂周《かもしゅう》監督が解任《かいにん》され、ヘッドコーチからいきなり日本代表の監督になったんです。

もう1敗もできないという状況の中、監督就任の翌日、ウズベキスタン戦に引き分け、日本に帰ってきてUAE（アラブ首長国連邦）戦にまた引き分けてしまい、サポーターがイスや卵を投げつける騒ぎになって、試合会場からはパトカーで脱出しなければなりませんでした。

めちゃくちゃ悔しくて頭にきたけど、同時に「なにくそ、やってやる」という気持ちがメラメラ燃え上がって、精神的にも肉体的にもすごくタフになったんです。

王　最初の代表監督のときは本当に大変でしたね。

でも、最後に念願のワールドカップ初出場を果たせたからこそ、岡田さんはその後、Jリーグの監督を2回やって何度も優勝を飾ったり、昨年は2度目の日本代表監督としてワールドカップ・南アフリカ大会でベスト16という結果を残せたんじゃないですか。

人生、よいことと悪いことは交互にやってくるものです。

岡田　そうですね。最初のワールドカップ（フランス大会）のときはそこまで考える余裕がありませんでしたが、昨年の南アフリカ大会では、チームの調子が下がってバッシングが激しくなってきたとき、「この壁を乗り越えたら、チームはすごくうまくいくんじゃないかな」という感覚がありました。

だからといって平然としていたわけじゃなくて、やっぱり苦しいし悩んでいるんだけど、前回はのたうち回るだけで精一杯だったのが、今回はあるときから、「ひょっとしたら、ひょっとするぞ」という感覚が強烈にありました。

王　ぎりぎりのところまで突きつめているからこその感覚なんでしょうね。「浮き沈み」といい「壁」といい、人生は決して平坦《へいたん》じゃないけど、だから面白いんだと思います。

特に大きな「壁」って誰にでもやってくるわけではないし、ある意味チャンスなんですよ。「壁」を乗り越えたら新しい景色が広がっているんですから、むしろ歓迎《かんげい》しないといけないのかもしれませんね。

第2話のまとめ

- 浮き沈みのない人生はない。誰だってジグザグに進んでいく。
- スランプがあるのは、一段高いところへ飛び上がるため。前と同じところではなく、飛び上がる先を見ないとだめ。
- 大きな「壁」は、誰にでもやってくるわけではない。チャンスだと思え。

第3話　何を選んでいいかわからないときは、いちばん難しいものを選べ！

情報がありすぎて、選べない若者が増えている

王　いまの若い人は、我々の時代よりはるかに情報があります。野球の場合、テレビでいつでも試合が見られるし、本や雑誌では詳しい解説を読んだりもできる。それから、アメリカへ行って大リーグで活躍している日本人選手が何人もいるわけで、将来の夢や目標だって描きやすいでしょう。

我々のときはまだ、アメリカでプレーする選手なんていませんでしたし、そんなことは思いもよりませんでした。

岡田　サッカーもそうですね。ヨーロッパを中心に海外のクラブチームで活躍する選手がずいぶん増えました。いまサッカーをやっている若い人たちは、将来海外でプレーするということがごく自然にイメージできるはずです。

ワールドカップ・南アフリカ大会のとき、ある若手選手が「監督、僕たちって

日本代表がワールドカップに出ているところしか見てないんです」というので、びっくりしました。よく考えたら、いまの二十歳前後の選手は日本が初出場したフランス大会の頃、ちょうど物心がつき始める年頃だったんですよね。

僕らの世代は、ワールドカップが夢のまた夢という感じで、ようやく出られたフランス大会のときの記憶が強烈です。しかし、彼らにしてみればワールドカップは、出て当たり前の大会なんです。だから物おじしないで、海外にもどんどん出て行けるんでしょう。

スポーツでいえば、他にもゴルフ、テニス、卓球などに世界で活躍する人がたくさんいます。科学や技術、芸術だって同じでしょう。その気になれば、将来の進路を自由に選ぶことができて、目標になる人だって大勢《おおぜい》いるんです。

ところがその一方で、選択肢《せんたくし》が多すぎるからか、どれを選んでいいのかわからないとか、人にいわれないと選べないという若者も増えている気がします。

王　自由に選べるというのには、よい面と悪い面がありますね。僕らが子どもの頃、プロのスポーツといえば、野球と相撲しかありませんでした。失礼ですが、サッカーも昔はそれほどポピュラーじゃなかった。

岡田　僕も、小学生の頃は野球少年でした。

王　男の子はみんな、学校が終わったら相撲か野球くらいしかやることがありませんでした。僕は選べるスポーツが少なかったから野球に出会えたようなもので、ある意味ラッキーだったかもしれません。

岡田　王さんはいくつから野球を始められたんですか？

王　一応、小学3年生のときからといっていますが、キャッチボール程度のことは、もっと小さいときからやっていました。当時はまだ戦争の焼け跡が残っていて、車も少ないし、子どもたちは道路や空き地でなんでもできたんです。

子どもというのは自分たちで遊びをつくる天才じゃないですか。その日、集まった人数に応じて、野球ごっこみたいなことをやったりもしていました。

機会がなければ「面白い」かどうかもわからない

岡田　それに比べると、野球もサッカーもいまはしっかりした指導者のいるチームが各地にあって、用具やユニフォームだって本格的です。すごく恵まれた環境だと思います。

王　栄養失調の子だって珍しくなかった昔に比べれば、みんな身体も大きいし、小学生でも技術的にすごくレベルアップしています。

岡田　ただ、いまの豊かな日本の社会では、子ども特有の、身体の内側からわき出すエネルギー、つまり「生きる力」みたいなものが足りないのではないかと、僕はずっと気になっているんです。

戦後、日本の子どもは貧しい中でも、たくましく育ってきたわけです。僕も子どもの頃、あちこちで遊んでいるうちに鉄橋《てっきょう》の上を歩いていたりして「ここから落ちたら死ぬかもしれないな、ドキッ！」っていうことが、結構ありました。そういうことが脳への刺激になっていた気がします。

いまは遊びであっても、「とにかく危険なことはするな」の大合唱で、何もやらせてもらえません。

むしろ、何もしないでも生きていける世の中です。コンビニに行けば、たいがいのものはすぐ手に入るし、ゲームセンターへ行けば時間もつぶせる。何かを試したり、挑戦したりする気が失《う》せてしまうのも、わからなくはありません。ひきこもりが何十万人にも増えた原因のひとつは、そういうところにあるのではないでしょうか。

王　僕は20年ほど前、アメリカの大リーグで本塁打王だったハンク・アーロン選手と一緒に始めた「世界少年野球大会」を契機に「世界少年野球推進財団」をつくって、日本と海外の小学生に野球の楽しさを教えています。

メインの活動として年1回、いろいろな国の子どもたちを招いて約1週間、野球教室や交流試合をしています。日本でやることが多いのですが、今年（2011年）は台湾で7月の終わりから8月の初めにかけて開きました。

このプログラムでは海外から参加する子どもたちがいつも、ものすごく喜んでくれるんです。野球が盛んではない国から呼ぶ子どもが多いからか、教えたことにも敏感《びんかん》に反応してくれます。素直で積極的なんです。

それに比べると、日本の子どもはやや消極的で物足りない。素直ではあるんだけれど、自分からどんどん前へ出ていくところが少ないですね。

岡田　20年前からそうなんですか。

王　初めの頃、どうだったかはよく憶えていませんが、そういう傾向はずっとありますね。

岡田　でも、20年続けているというのはすごいですね。

王　正確には21年目になります。

こんなに続くとは思わなかったんですけれど、毎年新しい子どもたちがやってきて、ベソをかいたり喜んだりしながら、ほんの1週間でみるみる変わっていくんです。最初はキャッチボールさえできなかった子がフライを取れるようになったり、バットにボールがかすりもしなかった子がヒットを打てるようになったりする。そうすると、表情まで見違えるように生き生きしてくるんです。

とにかく、やらせてみることです。野球をやってみて、「ああ、面白い」と感じてもらうことが大事なんです。

「馬を水飲み場へ連れて行っても、水を飲ませることはできない」という格言《かくげん》がありますが、逆に「馬に水を飲ませるには、まず水飲み場に連れて行かなければならない」ともいえます。実際にやるかやらないかは本人次第ですが、とにかくやってみる機会を用意してあげないとね。

岡田　子どもってそういうきっかけを通して、いろいろな経験をしながら生きる力を養《やしな》っていくんだと思います。

ところがいまの日本では、子どもたちが本来持っているはずの「やってみたい」という意欲を自然な形で刺激したり、発揮させたりする機会が少ない。それは彼らが悪いわけじゃなくて、日本がいつの間にか便利、快適、安全しか認めない、ぬるま湯のような社会になってしまったからだと思います。

戦後、多くの日本人がよかれと思ってつくってきた社会が、実は子どもたちから生きる力を奪い、自分の可能性にチャレンジするチャンスを遠ざけている面があるんじゃないかと僕は思います。

王　子どもたち本人にはそんなことわからないでしょうし、大人がなんとかしてあげないといけないですよね。

親は子どもに自分の素質以上を求めるな

岡田　最近の若いサッカー選手の傾向として、練習で「ここからここまでダッシュ」と指示しても、ゴールの手前でスーッと力を抜いてしまう。「最後まで走れっ！」といっても、なぜかやりきれない。

選手だけじゃなくてJリーグの若手監督でも、ちょっと負けが込んで周囲からたたかれると入院してしまったりする。「なんでそんな簡単に……」と思っちゃいます。

王　野球の練習でも「1塁ベースまでダッシュしろ」といったら、100人中ほぼ100人がベースの手前でスピードを緩《ゆる》めます。野球はほんの一瞬の差でセーフとアウトが分かれますから、本当は最後まで全力で走れないと使い物にならない。でも、なかなか練習でそれができない。

だからよく我々はベースを少し先へ移して、本来の位置を通過点《つうかてん》にみせかけて練習させます。

そんなふうにやっても結局、試合でぎりぎりセーフになった経験をして初めて、全力で走ることの大切さに気づくんです。そうしたら練習も自然に変わって、レベルアップしていきます。

岡田　練習のときからどれだけ本番を意識できるかどうか、ですね。

王　練習と本番は別のものではなくて、つながっているんです。少年野球であろうとプロ野球であろうと、それは変わりません。練習をどれだけ高いレベルでできるか。

それなのに、最近は高校生ぐらいになっても親がしょっちゅう練習を見に来たりするようです。本人は気が散るし、指導者もつい手を緩めてしまうんじゃないでしょうか。我々の時代には、親が試合を見に来ることはありましたが、練習なんて絶対来なかったものです。

岡田　昔は親も生きるのに必死でしたが、いまは余裕ができて子どもの数も少ないから、よけいに子どものことに一生懸命になるんでしょう。
モンスター・ペアレントと呼ばれるような親もいますから、先生たちも腫《は》れ物に触るように子どもを扱っている気がします。語弊《ごへい》があるかもしれませんが、昔は子どもがたくさんいて、ひとりくらい死んでもそんなにまわりは騒ぎませんでした。

王　あまり大切に扱われると、子どもも勘違いします。中学生くらいで野球がものすごくうまい子どもは地元の有名人みたいになって、家でも食事など特別扱いですからね。

そうすると、あまり苦労していない分、プロ野球の世界に入ってきたとしても思うような結果が出ないと、すぐショックを受けて、ガクッとなる。

いまは野球がすごく上手だとしても、まわりがちやほやしすぎると、ゆくゆく本人のためになりません。その子の可能性を伸ばしてやるためには、少し突き放して接するくらいがいいと思います。

岡田　講演会などでよくお父さん、お母さんたちから「子どもがサッカーをやっているんですが、どうしたらうまくなりますか？」とか「Jリーグの選手になる秘訣《ひけつ》はありますか？」といった質問を受けます。

そんなとき僕はいつも、「ご自分のお子さんなんですから、どこまでできるかは、ご自分を振り返って考えてみてください」と答えます。つい、自分のことは棚に上げて「うちの子どもはできるはずだ」と夢を見がちになるんです。

実は、僕も家で子どもたちに、「もっといい成績とれるだろう！」と怒っていたのですが、あるとき、自分の昔の成績表が出てきて、それを見たら大したことないんですよね。それからは「もっといい成績をとれ」なんていわなくなりました（笑）。

王　親としては、どうしても期待が大きくなっちゃうんですね。逆に、子どもに無関心すぎるお父さんお母さんでも困る。その兼ね合いが難しい。

岡田　子どもがやりたいというとき、親が寄り添っていくのはいいんですが、親だけがやる気満々で、本人がそれほどでもないとうまくいきません。

王　本人に素質が少しあって、そんなにまわりも期待していなかったけれど、だんだん着実に伸びていくというのがいちばんいいんでしょうね。

親のほうが「頑張れ、頑張れ」と引っ張りすぎると、子どもはプレッシャーに押しつぶされてしまうことが多いように思います。

岡田　漫画の『巨人の星』[*4]のせいかもしれませんよ（笑）。親がモーレツなほうが、子どもも伸びると思い込んだ人が多いんじゃないですか。

王　実際に親の期待にこたえて強くなった人はたくさんいて、いろいろなスポーツで活躍しています。でも、それは表舞台に立てた人だけで、実は途中でそのスポーツをやめたり大嫌いになったりした子どももたくさんいると思います。
うまくいくかどうかはもう、偶然みたいなものかもしれません。

迷う暇があったら、とにかく一歩を踏み出す

岡田　サッカーが上手になる条件として僕がよくいうのは、第1にサッカーを好きになること。第2に夢や目標を持つこと。そして第3にコーチや監督にいわれたことをやるだけでなく、自分で考え動くことです。

まず大事なのは、好きになることです。好きなことであれば、自然に「こうしたい」「こうなりたい」という夢もできてくるはずです。

＊4――梶原一騎原作、川崎のぼる作画で1966年から連載がスタートした伝説的野球漫画。主人公の星飛雄馬（ほし・ひゅうま）は、元巨人軍の選手だった父親によって幼い頃から猛特訓を受け、やがて巨人軍のエースとなっていく。テレビアニメとしてもヒットした。

王　いまの若い人たちはよく、「何が自分にいちばん向いているのかわからないから、夢も描けない」といいます。

でも、向いているかどうかは、実際にやってみないとわからないものです。そのときそのとき、興味のあることをやればいいんですよ。若いときは興味の対象もどんどん変わります。もっと気楽《きらく》に考えて、そのとき、いちばんやりたいことを夢中になってやればいいんです。

岡田　ワクワクすることにチャレンジしているとスイッチが入って、夢や目標も見えてくるものです。

ところが、王さんがおっしゃるように、大学生と話をしていると、「夢や目標がない人はどうしたらいいんでしょう?」って真面目《まじめ》に質問する学生がいたりします。

ぬるま湯のような環境の中で、ワクワクすることに出会ったり、あるいは手痛い挫折を味わったりして、自分の可能性にスイッチを入れる機会がないまま、ずっと生きてきたんでしょう。

そういうとき、僕はいつも「自分で山をつくれ！」と発破《はっぱ》をかけるんです。これまで胸が熱くなったり、あるいは心から悔しいと思ったりしたことがなかったのなら、自分で意識して、とてつもない挑戦や厳しい試練の機会をつくる。何を選んでいいかわからないなら、いちばん難しそうなものをあえて選ぶ。そういうふうにしないと、本物の夢や目標というのは見えてこないのです。

たとえとして適切かどうかわかりませんが、いままで読んだことのないジャンルの本を今月中に3冊読み終えるとかでもいいでしょう。そうすると、「オレって案外、やればできるのかな」と思うかもしれないし、「本に書いてあった虫は本当にいるのか、山に行って探してみよう」といった行動を起こしたくなるかもしれません。

そういう一歩を踏み出さないで、「どうやったら夢が見つかるんでしょう？」なんて他人に聞いていても仕方ありません。ぐずぐず迷っている暇があったら、なんでもいいから、とにかく一歩を踏み出し動いてみる。すべてはそこから始まるんです。

王　そうやって一歩を踏み出すと、夜ベッドに入るとき「明日はこれをやってみよう」「いや、あっちのほうがいいかな」なんてことが頭に浮かんでくるでしょう。意識が過去じゃなくて未来のほうへ向いていると、脳が活発に動くようになるんです。

僕はもともと飽きっぽい性格ですが、この年になっても野球のことを考えたり、グラウンドへ足を踏み入れたりすると、心の底からワクワクします。「ときめく」という言葉をよく使うんですが、若い人にはぜひ、いろんなことにときめいてほしいですね。それが岡田さんのいう「高い山をつくる」ことに通じるような気がします。

第3話のまとめ

- 何が自分に向いているかは、やってみないとわからない。そのときそのときに、興味のあることをやってみればいい。
- これまで胸が熱くなったり、心から悔しいと思ったりしたことがないなら、とてつもない挑戦や厳しい試練の機会を自分でつくれ。
- 何を選んでいいかわからないなら、いちばん難しそうなものを選べ。

第4話　あれこれ悩むより、とにかく行動せよ！

「知っていること」と「理解していること」は全然違う

岡田　地球上の生き物は、重力があるから成長にともなって、筋肉や骨がしっかりつくられるそうです。強いストレスのかかる失敗や挫折、逆境《ぎゃっきょう》というのも、僕は人間が強くたくましくなるために不可欠の条件だと思うんです。

ところがいまの若い世代は、家でも学校でもあまり怒られないし、友だち関係も無難《ぶなん》で表面的。なんだか無重力《むじゅうりょく》空間に放り出されたような状態なんじゃないかと思います。

そのせいか、いまの若者は二極化《にきょくか》しているところがあって、たとえばゴルフの石川遼君のように若くても大人顔負けの活躍をしている人がいる一方、無気力で何をやりたいのかわからないタイプもいます。

もちろん、いまの若い世代もそんなに捨てたものではないというのはわかります。きっかけがあれば、みんな力を発揮できるんです。

だから、いま大事なことは若い人が持っている潜在能力や可能性を引き出すための環境やきっかけを用意してあげることだと思います。

王　僕はいつも「壁に頭をぶつけたら痛いだろうな」ではなくて、「実際にぶつけてみろ」といっています。実際にぶつけて初めて、「これくらい痛いんだ」というのがわかるからです。

もちろん、頭が割れて血が出るほどぶつけてはいけませんが、コンというくらいはやってみる。想像だけで「痛いからよそう」と考えるんじゃなくて、「この程度だったら大丈夫だな」と知ることが大事です。

岡田　今年（２０１１年）、ハーバード大学に入った日本人の留学生はたったひとりだったそうです。中国や韓国からは何十人と留学しているのにもかかわらず、です。

ある大手商社の人事担当者によると、今年の新入社員に海外勤務の希望を聞いたら、3人しか手を挙げなかったそうです。外務省でもそういう傾向があると聞きました。

王　慣れない土地や食べ物、言葉の問題などを心配して躊躇《ちゅうちょ》しているんでしょうかね。

岡田　無意識のうちに厳しい環境を敬遠《けいえん》し、心地よい場所にいるほうを選んでしまうんでしょう。これはいまの若者だけでなく、日本人全体にいえる傾向かもしれません。

王　ひとつには、小さい頃から「やった！」とか「よ〜し！」といった胸が熱くなるような経験をしてこなかったからじゃないですか。なんでもいいので、一度達成感を味わえば、もうひとつ上のランクを目指そうという気持ちになるものですが……。

何をやっていいかわからなくても、とりあえず目についたことをやってみる。まわりもそう仕向けてみる。案外、「やってみたら面白かった！」となるものです。

「僕は運動が苦手だ」という子も、いろいろやっていく中で、「この種目《しゅもく》なら、思ったよりやれる」と感じるものがあるかもしれません。そういう環境とか機会をぜひ、つくってあげたいですね。

いまの時代は、夢中になる対象がありすぎて選ぶのに困るほどなんですから、スポーツだけじゃなくて語学でも音楽でも、とにかくやってみる、やらせてみる。何をしていいかわからないでひきこもっているような人でも、案外「これ面白いな」と思ったら、活動的になるんじゃないかと思います。

岡田　最近は、テレビやインターネットを通して、どんな情報でもすぐ手に入ります。それは決して悪いことではないのですが、体験したこともないのに、それでわかったつもりになっていることが問題です。

「知っていること」と「理解していること」は全然違います。詳しく調べたりするより、ひとつでも実際にやってみることです。

王　やる前にあれこれ調べたり考えたりするのは、うまくいかなかったとき、馬《ば》鹿《か》にされたり否定されたりするのが嫌だという気持ちがあるからかもしれません。じっとして行動を起こさなければ成功も失敗もなく、誰からも何もいわれずに済みます。

そういう意味では、精神的に自分の殻《から》にひきこもっている人も多いのでしょう。でも、それじゃあ人生、面白くない。一歩踏み出してみたら、案外うまくいくかもしれない。「とにかく、前へ進もうよ」というふうに、まわりも背中を押してあげられればいいですね。

岡田　王さんが「世界少年野球推進財団」で、野球を通して子どもたちに気づきを与えていらっしゃるように、僕のほうでは今年4月、子どもや若者に生きることの原点を体験してもらえるような場を提供しようと考え、「ＯＫＡＤＡ《オカダ》 ＩＮＳＴＩＴＵＴＥ《インスティチュート》 ＪＡＰＡＮ《ジャパン》（ＯＩＪ《オーアイジエイ》）」という社団法人を設立しました。

もともと子どもたちのために何かしたいと思っていたのですが、あるとき冒険家である高野孝子さんの本を読んだんです。彼女は野外活動における日本の第一人者であり、その本では3カ月ほど山の中で過ごすというイギリスのプログラムが紹介されていました。「これだ！　こういうのを日本でもやりたい」と思い、高野さんにも相談しながら、ＯＩＪの構想がまとまりました。

まず、小中学生向けに僕がサッカーを教えたり、元ヤクルトの古田（敦也《あつや》）さんに野球教室をやってもらった後、野外キャンプを体験するプログラムを用意しました。

また、大学生向けに、大自然の中、ひとりでひと晩過ごすソロキャンプというプログラムや、日本の大学生と海外の大学生が2人1組になって、カヌーで川を下ったり、山に入って野宿《のじゅく》したりする交流プログラムも準備しています。

今年はウォーミングアップですが、子ども向けのプログラムと、大学生向けのやや専門的なプログラムをこれから展開していきたいと思っています。

王　便利な環境に慣れきっている子どもたちに何かを投げかけるというのは、本当に大事なことです。

子どもたちは大人がキャッチボールしてくれるのを、グローブを持って待っているんです。大人のほうから投げてやらないとね。投げられたボールをポロッと落とす子もいるし、すぐキャッチできる子もいる。失敗したら悔しくて、次は絶対にうまくとろうとか、とれたらもっと強い球を投げてもらおうとか思う。

いずれにせよ、まず何かを投げかけてあげないといけません。子どもって、自分のほうからはなかなかいい出さないものです。大人がボールを投げてやることが本当に大事です。最初はとまどうかもしれないけれど、「うまくいった！」とか「これ面白い！」とか、そういう気づきがあれば、どんどん伸びていくんです。

岡田　ＯＩＪに賛同してくれた人たちも、みんな「そういう活動が絶対必要だ」といってくれています。

将棋《しょうぎ》の羽生《はぶ》（善治《よしはる》）さんも「ぜひ何か協力させてほしい」といってくれています。将棋教室と野外体験キャンプという、異色のプログラムができるかもしれません。

王　面白いと思います。いろんな人が力を合わせて、そういう機会がどんどん増えていくといいですね。

僕が70歳を超えても元気なのは好奇心のおかげ

王　子どもたちにいいたいのは、自分が興味を感じたことがあったら、すぐに行動してみてほしい、ということです。じっと待っているより、とにかく「ちょっと面白そうだから、やってみようかな」というくらいでいいんです。

スポーツだけでなく、絵を描くとか、音楽をつくるとか、なんでもいいと思います。その中からきっと、ワクワクするもの、他の人より上手にできるもの、自分が一生懸命になれるものに出会えるはずです。

岡田　いまは、他の人の意見を聞いたりしてからじゃないと動かない人も多いですね。

でも、大事なのは直感です。出会ったそのとき、何を感じて、どう動くか。「ちょっと待てよ。よく調べて比較してみよう」なんてやっていたら、せっかくのチャンスも逃げてしまいます。

中学生や高校生にはまだ先のことだろうけど、結婚だってそうです。僕は大学生のときに2歳年上の家内と結婚したんですが、まわりからは「そんなにすぐ結婚しなくてもいいんじゃないか。もっといろいろな女性とつき合ってみたら」と散々いわれました。でも、そんなことをいっていた友人ほど、結婚で苦労しています（笑）。

スポーツにしたってあれこれ比較するのもいいけれど、最初に興味を持ったものをやってみたらいいんですよ。すべてはそこから始まるんです。

王　僕はいまでもいろんなことに興味があって、まわりからは〝雑学博士《ざつがくはかせ》〟と呼ばれたりしています。

現役時代から、オフの日には音楽をよく聴きます。ジャンルはもう、いろいろです。「いいものはいい」という主義で、それこそ民謡《みんよう》からジャズ、ロック、シャンソン、なんでも聞きます。いまでもｉＰｏｄ《アイポッド》に何千曲と入れて、移動中なんかに聴いています。

新聞や雑誌を読んでいて、ちょっと気になった記事があるときもすぐメモします。最近はｉＰｈｏｎｅ《アイフォン》を使うんだけれど、あまりにたくさん情報を入れすぎて、整理しないとどこに何が入ってるかわからない（笑）。

自動車にも興味があって、フェラーリなんて乗ったことはないけれど、新しいモデルが出たらどんなのだとか、バイクならハーレーダビッドソンがどうだとかＢＭＷ《ビーエムダブリュー》がどうだとか、結構詳しいんです。

岡田　何にでも首を突っ込むような好奇心が強い人のことを、大阪弁では「いっちょかみ」というんですが、まさにそれですね（笑）。

王　好奇心がある人のほうが、なんでも前向きにとらえられて元気だと思います。70歳を超えてこれだけ飛び回っていられるのは、そういう好奇心のおかげだと思っています。

いずれにしろ、なんでもいいから自分が熱中できるものを持っているのは、本当に幸せなことですよ。

若い人にはぜひ、「これに挑戦したい」「あれをやってみたい」というものを持ってほしいですね。野球だったら「甲子園に行きたい」「プロ野球の選手になりたい」、サッカーだったら「Jリーガーになりたい」「海外のクラブでプレーしたい」とかね。

岡田　せっかく本人が興味を持っても、まわりがあれこれ口を出して、変なほうへ行くこともあるようです。

以前、聞いた話なんですが、ある町に少年野球のチームが2つあって、ひとつはみんなで楽しんでやればいいということで、練習はいつもワイワイガヤガヤ、試合も勝ち負けより全員平等に出場させるという方針です。もうひとつのチームは厳しい監督がいて練習はきつく、大声でどなるし、ときには泣きながらノックを受けている子どももいます。

厳しいチームのほうに子どもを入れた親の中には、そんな練習を見て、もうひとつのチームに移るよう子どもにいう人もいたんですが、子どもは誰ひとりチームを変わろうとはしなかった。子どもたちは、どっちが野球をやる喜びや感動が得られるのか、本能的にわかっていたんじゃないかと思います。

子どもが興味を持ったら、そっと見守る

王　子どもたちが何かに興味を持ったら、まわりは少し引いて見守ってやることが大切です。中身もよくわからないのに、「ああでもない、こうでもない」と口を挟《はさ》まないことです。

スポーツはうまい下手が誰の目にもはっきり見えて、練習や試合ではそうした差に応じた扱いになります。「もっと平等に」という人もいますが、それは難しい。むしろ差があることで頑張ろうという気持ちになるし、達成感も得られる。自分には何が足りないのか、強みは何かもわかるんです。そういう経験を子ども

たちにたくさんさせてあげてほしいですね。

それと、最初から何かひとつにだけこだわる必要はない。日本では勉強なら勉強、スポーツならスポーツばかりやる傾向があります。

でも海外では、スポーツをやりながら勉強もやったりして、いろいろな資格を持っているプロ選手が少なくありません。学生時代には、野球をやりながらバスケットボールやフットボールをやったりします。バスケットボールで有名なマイケル・ジョーダンは、高校までは野球もやっていたそうです。

岡田 そういえば、マイケル・ジョーダンはバスケットを一度引退したとき、大リーグに挑戦してましたね。日本ではちょっと考えられないことですが。

王 僕自身、中学の野球部は3年生の頃まで休部状態だったので、平日は陸上部で砲丸投げをしたり、卓球部で卓球をやったりしました。野球は週末に、地元の高校生や社会人中心の草野球チームに入ってやっていたんです。ポジションはピッチャーでした。いまにして思うと、いろいろな競技をやったからこそ、野球がいちばん好きだというのがわかったのかもしれません。

岡田　日本の場合、学校の部活動は全員一律に行う「体育」の延長線上にあります。その点、いろいろなスポーツを気軽に楽しめるヨーロッパ的なスポーツクラブが今後、あちこちの地域にできるといいなと思います。週末には家族や友人同士、好きなスポーツで汗を流し、コミュニケーションを深める。そういう機会も、子どもたちが一歩を踏み出す格好《かっこう》の場を提供することになるはずです。

第4話のまとめ

- 強いストレスのかかる失敗や挫折、逆境は人間が強くなるための必要条件だ。

●好奇心のおもむくままに行動すると、常に前向きでいられる。
●子どもたちが何かに興味を持ったら、まわりは少し引いて、見守ろう。

第5話 夢中になると、すごいエネルギーがわいてくる

始める動機は不純でもいい

岡田　僕は小学校（私立帝塚山学院小学校）の頃、南海[*5]ホークスの子ども会に入って野球をやっていました。あの頃は「巨人[*6]、大鵬《たいほう》、卵焼き」っていわれていた時代ですが、監督の鶴岡《つるおか》（一人《かずと》）さんの家が近所で、球場も近くにあり、しょっちゅう南海の試合を見に行っていたんです。特に、ファーストで4番を打っていた外国人のケント・ハドリ選手が大好きでした。

王　ケント・ハドリ、左バッターでいましたね。

岡田　親にはずっと「ハドリ選手と同じ背番号のユニフォームがほしい」とねだっていて、6年生の誕生日につくってもらったのをいまでも憶えています。ホークス子ども会では1年下に、いまプロ野球パ・リーグのオリックス・バファローズで監督をしている元阪神の岡田（彰布《あきのぶ》）さんがいました。彼は野球が上手だったので、この前会ったときに、「僕は岡田さんと違って、リトルリーグに選抜されていたんですよ」と自慢していました（笑）。

王　南海はチームに独特の雰囲気があって、ファンの人たちも独特でした。僕も巨人に入団してから、オープン戦などで南海ホークスのホームグラウンドである大阪球場へよく行きましたよ。

岡田　ホークスのファンは、相手はもちろん、自軍へのヤジもすごいんです。ちょっと太った選手がいると、「ここは豚小屋ちゃうぞー」なんてね（笑）。

王　いまでこそ大阪でプロ野球というと阪神一色ですが、昔の南海は巨人への対

＊5―現在の福岡ソフトバンクホークスの前身。大阪の南海電気鉄道を親会社とし、かつては関西で阪神をしのぐ人気を誇った。1988年にダイエー（当時）に譲渡され本拠地を福岡へ移し、さらに2005年ソフトバンクが親会社となった。

＊6―1960年代、子どもが好きなものを並べて流行語となったフレーズ。当時、野球では巨人の王・長嶋茂雄コンビが活躍し始め、相撲では大鵬が圧倒的な強さを誇っていた。

抗意識だけじゃなくて阪神への対抗意識もすごくあって、ユニークなチームでした。

岡田　関西人って関東に対するコンプレックスみたいなのがあって、それでよけいに阪神を応援するんです。でも大阪でも、僕ら南のほうの人間はだいたい南海ファンでした。

その南海が福岡へ移って、現在はソフトバンクホークスになり、王さんが球団の会長を務めていらっしゃるんですから、不思議な縁《えん》ですね。

王　ほんとにいろんな縁があります。

それにしても、子どもの頃、興味があったものについての思い出というのは、記憶に強く残りますね。

岡田　もうひとつ、いまでもよく憶えていることがあります。東急フライヤーズや西鉄ライオンズで活躍していた大下弘[*7]さんの息子と僕は、小学校で同じクラスでした。大下さんは当時はもう引退されていましたが、家へ遊びに行くとトロフィーとかがたくさん置いてあって、「すごいなー、カッコいいなー」と思い、自分も絶対、プロ野球の選手になるんだと決めていました。

王　それがなぜかサッカーのほうへ……。

岡田　ええ。いいかげんなのか、柔軟《じゅうなん》なのか、コロッと変わっちゃいました。

僕は中学（大阪市立住吉中学校）でも野球をやろうと思って、入学してすぐ野球部の練習を見に行きました。でも、2年生がみんな正座《せいざ》させられて、3年生にバットで頭をコンコンたたかれている。僕は気が短くて、「こんなことされたら絶対ケンカになるな」と思って入部をやめたんです（笑）。

その後、体育館のベランダから校庭を眺めていたら、サッカー部が練習してい

＊7―昭和20年代から30年代に大活躍したプロ野球のスター選手。「青バットの大下」と呼ばれ、赤バットの川上哲治（後の巨人軍監督）と並び称された。

ました。彼らは1対1でドリブルをやり、お互いぶつかって転んだら、そのままプロレスごっこでワン・ツー・スリーとか押さえ込みをやり始める。「こっちのほうがラクで楽しそうやん！」という不純な動機で、すぐに申し込みに行きました。

いずれにしろ、もし野球部の印象が違ったら、サッカーはやっていなかったでしょうね。不思議なめぐり合わせを感じます。

王　野球部はたいてい、怒られるときは連帯責任でみんな一緒。それで仲間意識が強くなる面もありました。

岡田　いまでもどちらかというと野球部は硬派《こうは》だけど、サッカー部は軟派《なんぱ》というイメージがあるんじゃないでしょうか。

王　でも、サッカーはあのフィールドを90分間走り回るんですから、かなり激しいスポーツでしょう。息はあがるし、足をぶつけ合って痛いし、大変じゃないですか。

野球はそれに比べると、試合時間は長いですが、全力で走るといっても、それほど長い距離ではありません。その分、足が遅かったりちょっと太ったりしていても問題ないという幅の広さがいいところなんです。

目標は高ければ高いほどいい

岡田 中学からサッカーを始めたら、これがまた面白くて、夢中になってしまいました。足を使う競技なので、すぐ上達するというわけにはいかないんですが、ボールリフティングにしても毎日やっていると、少しずつできるようになる。もう朝から晩まで毎日練習していました。

そして中学3年生のとき、「プロのサッカー選手になる」と決意し、それにはプロチームのなかった日本では無理なんで、ドイツに留学したいと親にいったんです。世間知らずの中学生らしい発想ですが、でも僕はすごく頑固《がんこ》で、いったんいい出すと聞かない性質《たち》だと親も知っている。

困り果てた父親は、当時サッカー界のご意見番といわれた、賀川浩《かがわひろし》さんというサンケイスポーツの運動部長に会わせてくれました。賀川さんは「いまどき、そんな勇気のある子がいるのか」と会ってくれたんですが、目の前に現れたのが眼鏡《めがね》をかけてひょろっとした中学生だったので、「こりゃ、あかんわ」と思ったそうです。「ドイツ人は身体が大きいし、いま行ってもケガするだけだから、高校を卒業してからにしなさい」と諭《さと》されました。

賀川さんはいまでも現役のサッカージャーナリストとして活躍されていて、たまにお会いすると、「あのときの中学生が、日本代表監督になるとは……」と冷やかされます（笑）。

王　中学3年生でドイツ行きを決意するとはすごいですね。

野球は1995年に野茂《のも》（英雄）君が大リーグに挑戦してからアメリカへの道が開けましたが、それまでは選手のほうも海外へ行くという発想がなかったんです。

それが向こうからどんどん誘いが来るようになった。最初は野茂君をはじめ、ピッチャーが多かったのですが、野手ではイチロー君がシアトル・マリナーズに入って大活躍し、さらにキャッチャーの城島（健司）君も行って、すべてのポジションの日本人選手が大リーグでプレーするようになりました。

岡田　野球の場合、アメリカへ行ってプロになるのは、そんなに難しかったんですか？

王　我々のときは、まだドラフト制度[*8]がなかったので、最初からアメリカの球団

＊8―高校や大学を卒業したり、社会人野球に属している新人選手との契約交渉権を国内のプロ野球球団に振り分けるための会議で、1965年から導入された。

に入るという道もあったでしょう。

ただ、当時アメリカの球団は日本の選手をそこまで高く評価していなかったので、スカウトが来るということはありませんでした。

それが野茂君の後、フリーエージェント[*9]になって海外のチームと契約するケースと、ポスティング[*10]制度を利用して移籍するケースができたんです。

最近では2008年に、田澤純一君というピッチャーが社会人野球から直接、ボストン・レッドソックスとメジャー契約を結びました。最初から「日本の球団には入りません。アメリカへ行きます」と宣言して行ったわけで、野球の環境はそこまで変わりました。

岡田　それにしても、野球をやっている子どもたちにしてみれば、大リーガーになるというのは、大きな夢でしょう。

王　いまの子どもたちには「将来大リーグでプレーするんだ」という、我々の時代よりずっと高い目標ができたわけで、これはすごくよいことです。

最近は、アメリカのスカウトが日本の高校野球の試合をよく見に来ていますし、日本のプロ野球でフリーエージェントの資格を取りそうな選手やポスティングで移籍しそうな選手について情報を集めたりしています。時代の移り変わりを感じますね。

日本の野球界も、これからはむしろアメリカへ行く選手をどんどん育て、多くの日本人選手が大リーグでバリバリ活躍することを考えるべきでしょう。そうすれば、必ず日本の野球のレベルも上がります。将来は、アメリカと肩を並べて勝

＊9―一軍登録の期間が累計で一定期間（現在、国内移籍は8年、海外移籍は9年）を満たし、いずれの球団とも自由に契約できる権利を持つ選手のこと。

＊10―1998年に日米間で成立した協定により、フリーエージェントの資格を取得していない選手でも、希望すればアメリカ大リーグへの移籍が可能になる制度。所属球団の承認により大リーグのチームによる入札が行われ、最高金額を提示したチームがその選手と独占的に交渉する。

負ができるようになると期待しています。

岡田　サッカーでは、中田《なかた》（英寿《ひでとし》）がイタリアのペルージャへ移籍したのが1998年で、野茂選手の大リーグ挑戦と3年しか違いませんが、全体的には10年くらい野球より遅れている感じでしょうか。

ここ数年、ドイツへ行った長谷部《はせべ》誠《まこと》（ヴォルフスブルク所属）や香川真司（ドルトムント所属）、ロシアでプレーしている本田圭佑《けいすけ》（CSKA《チエスカ》モスクワ所属）など複数の選手が活躍して、日本人も海外で十分通用するということが理解されてきました。

王　野球にしろサッカーにしろ、そういう道がいったん開けると、「自分だって！」と思って頑張りますからね。

最近でいうと、元ロッテの西岡剛《にしおかつよし》選手がポスティングでミネソタ・ツインズへ移籍して、国内の内野手はみんな注目しています。

岡田　ただ、野茂選手が最初にアメリカへ行ったときは、非難ごうごうじゃなかったですか？

王　球界ではもう国賊《こくぞく》扱いでしたけれど、いまでは日米野球が本格的に交流する扉を開いたパイオニアとして、高く評価されています。

ある意味で彼は、岡田さんのいう「高い山」を自分で設定し、見事に登りきったんでしょう。そして、そのことによって、まわりにも大きな影響を与えたんです。

潜在能力を伸ばすカギは向上心と闘争心

王　僕は選手時代、常に前へ進むことにこだわっていました。人からはよく、「なんで、そんなにいつも練習しているんだ」と聞かれましたが、そうせざるを得ないんです。試合に出てプレーする以上、「もっといいやり方があるんじゃないか」「もっと練習すればうまくなるんじゃないか」という思いが頭から離れなかったんです。

結局、他にやりたいと思うことがあっても、野球以上にやりたいわけではない。プロとしての意地もあるし、「なんとかしてもっと打てるようになりたい」という気持ちが強かったんです。

岡田　すごい向上心ですよね。

王　そういうふうに人より向上心が強かったから、40歳まで現役を続けることができたんです。普通は35歳くらいから、だんだん体力も落ちてきます。僕の場合、長くやるのが目的ではなかったけれど、40歳までやれたのは、そういうこだわりがあったからだと思います。

岡田　世の中では、「ナンバーワンよりオンリーワン」とか、「記録に残る選手より記憶に残る選手」といったいい方がよくされます。

王　選手としては、ナンバーワンとオンリーワン、記録と記憶、両方あればいちばんいいんです。しかし、達成するとなると、どっちもなかなか難しい。

必ずしも結果を求めてやっているわけじゃないけれど、「もっとうまくなりたい」という向上心、そして「今度こそあのピッチャーからホームランを打ってやる」という闘争心《とうそうしん》が、絶対に必要です。そういうものを持って努力しているうちに、だんだん結果がともなってくるんですよね。

岡田　僕は闘争心というのは、生物が生まれつき持っている本能のひとつだと思っています。そういう闘争心がかきたてられる場面での経験をどれだけするかで、人生は大きく変わるはずです。

王　何か夢中になれるものがあって、そこに向上心や闘争心が加わると、不思議なくらい、エネルギーがどんどんわいてきますね。

誰がなんといおうと、どんな障害があろうと、自然に身体が動いて前に進んでいく。そういう人間は強いし、自分の潜在能力を限りなく伸ばすこともできるんです。

第5話のまとめ

- 人生は不思議なめぐり合わせに満ちているから面白い。
- 夢は大きいに越したことはない。どうせなら世界規模の目標を持とう。
- 夢中になれるものに向上心と闘争心が加わると、不思議なくらいエネルギーがわいてくる。

第6話

人生で成功するカギは「出会い」

人生は「出会い」で好転する

岡田　王さんは、小さい頃から将来はプロ野球選手になりたいという夢を持っていらっしゃったんですよね？

王　いや、それが、まったくなかったんです。

戦後しばらく、プロのスポーツというと相撲と野球しかありませんでした。子どもたちが空き地に集まってやるのも相撲か野球でした。

ただ当時、野球選手はあまりまともな仕事とは考えられていませんでした。収入はそれほど多くないし、選手の移籍などについてのルールもはっきりしていませんでした。当時のプロ野球選手の多くは若いうちに野球をやって、引退したらまた別の職業に就《つ》こうという発想の人が多かったようです。

見方を変えれば、当時のプロ野球というのは、いまと比べれば待遇も環境もずいぶん悪かった。それにもかかわらず、とにかく野球が好きで、野球をやりたいという人たちが集まってやっていたのです。

岡田　本格的に野球を意識したのは、いつ頃からですか？

王　そうですね。中学2年生の頃、荒川博さんとの出会いがあってからですかね。お話しした通り、中学の野球部が3年生の頃まで休部状態だったので、野球は地元の草野球チームに入って、休日にだけやっていました。

そんな状態ですから、自分の力量《りきりょう》もわからず、甲子園へ行くとかプロ野球に入るとか、まったく考えていませんでした。

岡田　意外ですね。そんな中で、荒川さんとの出会いが、野球を本格的に意識するきっかけになったわけですか。

王　そうなんです。当時、荒川さんは毎日オリオンズで活躍していて、たまたま休日に散歩していたら、草野球をやっている僕たちが目にとまったんです。そして、僕が左で投げて右で打っていたのを見て、「左で打ってごらん」とアドバイスしてくれました。その通りにやってみたらすぐにヒットが出たから、正直驚きました。それから僕は左打ちになったんです。

もっというと、僕らがいつも野球をやっていたのは墨田区なんだけれど、そのときはたまたま川向こうの台東区にあるグラウンドでやっていたんです。

一緒にやっていたのが高校生や社会人の人たちだったので、荒川さんはてっきり僕も高校生だと思ったそうです。でも、いろいろ話をしてみると中学2年生だというので、「それなら早稲田実業へ行けよ」と自分の母校をすすめてくれました。「いきなりそんなことをいわれても……」と困ったのですが、その場面はいまでも鮮明に憶えています。

岡田　すごく大きなひと言だったわけですね。

王　ただ、中学のときはずっと、父の希望もあって、いずれは理工系の大学に進み、電気関係のエンジニアになろうと思っていました。

高校は、都立墨田川高校を受験しました。中学の成績もそこそこよかったので自信はあったんですが、なんと落ちてしまったんです。

「さあ、どうしよう」となり、そのとき頭に浮かんだのが、荒川さんの言葉でした。そして、好きな野球を続けるのもいいかなと思って、早稲田実業へ進むことにしたんです。

岡田　へー、そんなことがあったんですか。

王　そういう岡田さんは、中学でサッカーと出会ってからずっと、大人になったらサッカー選手になろうと決めていたんですか？

岡田　いや、そうでもないんです。

実は高校を卒業してから1年浪人《ろうにん》して、10キロ以上太ってしまいました。それで早稲田大学に入ってからは、思い切り学生生活を楽しむことにして、サッカーは同好会でいいやと思っていたんです（笑）。

ところが入学してすぐ、高校時代にユースの日本代表に選んでくれたサッカー協会の関係者にばったり会い、そのときの僕の近況を話したら、「何のためにお前を日本代表にしたと思ってるんだ！」と怒られました。素直にその通りだと反省して、サッカー部に入ったんです。

サッカー部には新入生全員がグラウンドのまわりを決まった時間内にゴールするまで走らされるという特訓があったんですが、僕ひとりがいつも間に合わない。他の連中が、「お前が時間内にゴールしないと、みんな何度も走らないといけないんだぞ」といって引っ張ったりしてくれましたが、1回目に全力で走っても間に合わないのに、それ以上やってもできるわけがありません。当初は、「こいつらバカだな。こんな連中と一緒にサッカーなんてやってられるか、絶対やめてやる」と思っていました（笑）。

ただ、そこでやめたら「あいつは弱虫だ」と思われてしまいます。それが癪《しゃく》で、「あいつがいないとだめだ」くらいいわれるようになってからやめてやると決めたんです。そうして頑張ってレギュラーになったら居心地《いごこち》がよくなっちゃって、4年生のときにはキャプテンをやるまでになっていました。

王　卒業後は実業団でプレーをしていたんですよね。

岡田　はい。当時はまだ日本にはプロチームはなく、サッカーをやるとしたら実業団チームのある会社に就職するしかありませんでした。

でも本当は、大学を卒業するときにはすでに結婚していたので、ある程度いい給料がもらえる会社ということで、マスコミに就職するつもりでした。まわりにも「サッカーはやめる」と宣言していたんです。

ところが当時、マスコミの入社試験は同じ時期に集中していて、さらにその時期とサッカーの大きな大会が重なっていました。監督から「キャプテンのお前を休ませるわけにはいかないから、受けるのは1社だけにしろ」といわれたので、あるテレビ局に的《まと》を絞《しぼ》って入社試験を受けたものの、あっさり失敗。その後、「サッカーをやるならうちに来い」といってくれた古河電工（古河電気工業）から内定をもらったんです。

あのときテレビ局に受かっていたら、いま頃どうなっていたことか……。

王　何が幸《さいわ》いするかわからないですね。

岡田　本当に「運《うん》」というか、偶然というのはありますね。実は、大学を卒業できたのも偶然が大きかったんです。

4年生のとき、卒業に必要な科目で4つも落第点《らくだいてん》をとってしまい、再テストの申し込みに行きました。すると、そのうちのひとつは40点以下だから、再テスト自体を受けられないと、事務の窓口でいわれたんです。

担当の先生に頼み込んで、なんとか再テストは受けさせてもらったのですが、出てきた問題がまた解けない。先生の研究室を再び訪ねて、「結婚していて就職も決まったので、どうしても卒業したいんです。ぜひ単位を……」と粘ったんですが、「この出来じゃあ、単位をやるわけにはいかないな」といわれてしまいました（笑）。

そのとき、内定をもらっていた古河電工のジャンパーを着て行ったんですが、先生がふとそれを見て、「そうか、君は古河電工でサッカーをするのか。じゃ、吉水《よしみず》という選手を知っているかね」と聞くんです。吉水（法生《のりお》）さんはチリ生まれの日本人で、日本代表にもなった方です。「もちろん存じ上げています」と答えたら、「僕は彼の日本での親代わりで、仲人《なこうど》もやったんだ」とおっしゃる。

「えーっ！　それは奇遇《きぐう》ですね」とかなんとかいって、もう一度お願いしたら、「それじゃ、なんとかしないといけないな」ということになりました。結局、先生の家に3日間通って勉強し、最後の日に口頭試験をしてもらって、卒業できたんです。

当時は、古河電工が借りてくれたアパートにひと足先に夫婦で住んでいて、もし卒業できないようなら、そこを出ないといけないので、家内の実家に「しばらく同居させてもらえませんか」なんて頼んだりしていて、もう大変でした（笑）。

「ありがたい」という気持ちが、よい「出会い」を呼ぶ

王　そうですか。僕は高校受験は失敗したけれど、高校時代は、かなり順調でした。高校生は1年生の夏、2年生の春夏、3年生の春夏と、5回甲子園に出場するチャンスがあります。そのうち、僕は4回も出場できたんです。高2の春はピッチャーで4番を打ち優勝、夏にはノーヒット・ノーランを達成しました。

岡田　すごい活躍ぶりですね。「早実に王あり」といわれていたんじゃないですか？

王　どうですかね（笑）。ただ、3年生の夏は出られなかったんです。このときも当然、甲子園に行くものだとみんな思っているし、実際、東京都の決勝では延長12回の表に味方が4点取ったんです。しかし、「さあ、これで大丈夫」と油断したんでしょう。その裏、ピッチャーだった僕のコントロールが急に乱れ出して、交代の投手も打たれて、逆転負けしたんです。

これはものすごいショックでした。中学、高校と野球をやってきて、初めての挫折じゃなかったでしょうか。

それまで、同級生が遊んでいる土日もがむしゃらに練習してきました。練習がないのは正月三《さん》が日《にち》だけです。3年生になってからは、僕が先頭に立ってチームを引っ張り、夏の甲子園という高校生活で最高の晴れ舞台に手が届きそうになりながら、逃《のが》してしまった。チームメイトに申し訳ないという気持ちもあり、しばらく立ち直れませんでした。

岡田　それがきっかけで、プロの世界に進もうと思われたんですか？

王　そうなんです。それまでは野球を続けるとしても、大学へは進むつもりでした。でも、このときのショックを克服するには、野球をもっと突きつめるしかないと思うようになったんです。

甲子園には出られませんでしたが、プロの各球団のスカウトの人たちがたくさん訪ねてきてくれたこともありました。いちばん熱心だったのは阪神で、両親も「もしプロ野球に進むなら、若い選手が多い阪神へ」といっていました。でも僕は東京生まれで、根っからの巨人ファンです。どうしようか悩んでいたとき、10歳年上で医者になっていた兄が「俺に任せろ」と助け船を出してくれ、僕の気持ちを第一に考えて、すべて仕切ってくれたんです。兄のおかげで巨人に入団できたようなものです。

岡田　人生には思い通りにいかないことがたくさんありますが、そういうときこそいろんな人との出会いがあって、新しい道が開けたりします。そう考えると、なんでも順調に進むのはよくないような気がします。

王　人間がひとりでできることは大したことはないんですよ。本人は気づいていなくても、子どもの頃は親とか兄弟の力を借り、大きくなれば仲間や先輩たちの力を借りて、初めて何かを成し遂《と》げられるんです。人と人との出会いで、世の中が動いているといってもいいと思います。

だから僕は、自分を助けてくれた人たちに対して、常に「ありがたい」という気持ちが心のどこかにあります。そして、「ありがたい」という感謝の気持ちがあると、よい出会いが増えていく気がします。

「出会い」をどのように生かすか

岡田　よい指導者にめぐり合うというのも同じですね。

僕の場合、早稲田大学のサッカー部の部長で、4年生のときゼミでもお世話になった堀江忠男先生には、サッカーだけでなく人生について多くのことを教わりました。

あるとき先生のお宅にお邪魔《じゃま》したら、まだ小さかった娘さんが先生の頭をぐちゃぐちゃにしたりして遊び始めたんです。「これ、絶対怒られるぞ」と思ったら、先生はニコニコしている。学校ではめちゃくちゃ怖い先生なのに。

そのときふと、先生がいつも「サッカーは自分にとってなくてはならないものだけど、いちばん大事なものではない」とおっしゃっていたのを思い出して、「先生のいちばん大事なものって愛情ですか」と聞いたんです。すると、「そうだ。オレは〝人類愛〟のために、学問もサッカーもやってるんだ」とおっしゃった。それまで、学問が先生にとっていちばん大事なものかなと思っていたので、この答えにはすごい衝撃を受けました。

それ以来、「自分にとっていちばん大事なものはなんだろう」と折《おり》に触れ、考えるようになったんです。

王　いい先生ですね。僕にとって印象的な指導者といえば、やはり荒川さんですね。特に巨人に入って3年ほどして、いままでのやり方でいいのか、自分の力はプロで通用するのかわからず悩んでいたところに、荒川さんが巨人のコーチとして来られ、プロとしてのバッティングや野球についての基礎を教わったのです。

荒川さんは当時32歳で、ちょうど現役をやめたばかりでした。まだ自分では現役でプレーしたかったんでしょうが、かなわなかった。その夢を10歳年下の王という男に託《たく》そうという思いがあったんだと思います。そして、たまたま僕には球を遠くへ飛ばす能力があり、それをもっと伸ばしてやろうと思ってくれたんですね。

岡田　僕も先日、荒川さんにお会いして、合気道の話などをお聞きしました。いまも小学生に野球を教えていらっしゃるんですね。

王 ええ、野球に対する熱意はいまでもまったく衰《おとろ》えていません。

僕は荒川さんから、バッティングの技術を上げるために、合気道や居合《いあい》抜《ぬ》きについて教わりました。荒川さんは「間《ま》」というものを勉強するために歌舞伎を見に行ったりされていましたし、三橋美智也さんや美空ひばりさんとも親交があったので、僕も劇場に歌を聴きに行ったことがあります。

岡田 それは豪華な指導ですね。いまではちょっと考えられません。

王 人間って若いうちは特に、自分が何に向いているのか、どんな力があるのかなんてわかりません。それに気づかせてくれる指導者との出会いは、本当に大切です。

岡田 指導者といえば、僕は34歳で現役を引退してコーチになったとき、選手の気持ちのわかるコーチになろうと考えてやっていたんですが、なかなかうまくいきませんでした。

選手時代は生意気で、チームの戦術に口を挟んだり、練習方法を提案したりしていました。それでコーチになったとき、選手時代に「どうしてこういう指導をしないのだろう？　なぜこういう練習をしないのだろう？」と疑問に思っていたことを、全部やろうと意気込んでいたんです。

ところが、試合でまったく結果が出ないし、選手も伸びない。それで1年間、コーチの勉強をしにドイツへ留学したのです。

ドイツでは試合の戦術や練習方法などにはあまり目新しいものはありませんでしたが、監督と選手との立場の違いや、監督としての強さなど、根本的なことをいちから学びました。

王　指導するというのは難しいですよ。教える側と教わる側のバランスが〝バチッ〟と合うことはめったにないんです。

岡田　優れた指導者がいないと選手が伸びないことは確かでしょうが、同時に、うまくなりたいとか、そのスポーツや競技が好きでたまらないなど、本人の気持ちも大事ですよね。

王　その通りです。

岡田　どうも最近は、指導者や親のほうが積極的で、子どもはそれほど乗り気ではないのにスポーツをやっているというケースもあります。

王　それじゃ、うまくいきませんよ。指導者や親としては、まずやる側が興味を持つようにしないとだめです。その上で、練習などに工夫を加えていくんです。

ただ、小学校とか中学校でいまはひとクラスに何人いるかわかりませんが、教育上の配慮《はいりょ》もあって、できる子もできない子もみんな一緒です。全員をうまくするのは無理なんですけどね。

その点、サッカーでは、プロチーム傘下のユース[*11]チームが素質《そしつ》のある子どもを選んだり、また上のレベルのチームへ上がっていくときも、篩《ふるい》にかけたりするんでしょう。

岡田 そうなんですが、問題もあります。ユースチームに入るのはかなり倍率が高いですから、いったん入ると、親はみんな「うちの子はプロになれる」と勘違いしてしまうんです。

でも、ひとつのユースチームからプロになるのは、同じ年代でせいぜい1人か2人です。しかも、プロになって成功するケースはさらに少ない。それなのに、子どもが自宅から遠いところにあるユースチームに入ったら、家族そろって近くに引っ越してきたりする。「やめたほうがいいですよ」とよくいっています。

王 野球も同じですね。プロ野球では1チーム70人という支配下登録（一軍と二

＊11―参加メンバーの年齢に一定の制限を設け、選手の育成を目的として運営される、スポーツチームのこと。

軍を合わせた所属選手）の枠があって、12チームで合計840人にもなります。

ところが、甲子園に出場した選手なんかは、ドラフトで指名されたりすると、すぐに試合に出られると勘違いし、まわりもそう期待してしまう。実際にレギュラーの座を確保するのは、本当に狭き門です。

岡田　そういう狭き門をどう勝ち抜いていくか。もちろん、コーチなどからのアドバイスや指導も大事ですが、僕はそれだけではだめだと思っています。

先ほどお話ししたように、サッカーがうまくなる3つの条件のひとつに、自分で考えてやるということを入れているのはそういう意味なんです。

王　そういえば僕も、巨人で荒川さんに教えてもらった当初は、まだプロの世界がどういうものかわからなかったから、いっさい逆《さか》らいませんでしたが、その後、自分である程度わかってくると、なんでもかんでも「はい、はい」とはいわなくなっていきました。

荒川さんと打撃フォームなどについて意見がぶつかり、練習に行かないということもありました。それはまあ、子どもが成長する過程での反抗期じゃないけど、自分自身の意見ができてきたら、親や先生のいうことを素直に聞かなくなるのと似ています。

岡田　「出会い」は大きなきっかけを与えてくれますが、それをどう生かすかは本人次第。謙虚《けんきょ》な気持ちを持つとともに、なんでもかんでも頼ったり教えてもらうんじゃなく、自分で考えるんだという姿勢は、忘れてはいけないと思います。「出会い」を大切にするというのは、出会いで得たものを自分なりに消化し、発展させていくというところまで含めてのことなんです。

第6話のまとめ

●人生には思い通りにならないことがたくさんあるが、そんなときこそ人との出会いから新しい道が開けていく。

●自分を助けてくれた人たちに対する感謝の気持ちがあると、よい出会いが増えていく。

●「出会い」は大切だけれど、頼りすぎず、自分で考える姿勢を持ち続けよ。

第7話　「運」のいい人、「運」の悪い人って本当にいると思う？

「運」は誰にでも平等に訪れる

王　僕の野球についての才能は、どちらかといえば平凡なほうだったと思います。中学までは土日に自己流で草野球をやっていただけで、本格的な指導を受けたこともなかったんですから。

それが縁あって荒川さんと出会い、早稲田実業に入って本格的に野球をやる環境に恵まれ、巨人で40歳までプレーすることができました。

だから、僕はきっと前世《ぜんせ》ですごくいいことをしていたような気がしますね（笑）。そのご褒美《ほうび》をこの人生でいただいているような感じです。

こういうと「運がいい」という人がいるかもしれないけれど、運をつかむ秘訣なんかなくて、そのときそのとき、一生懸命やるだけなんです。

自分に才能があるかどうかなんてわからなくても、「なんとなく好きだから」

と思って頑張っているうちに、いい方向に向かっていくのだと思います。

岡田　僕もそう思います。

「運」は誰にでも平等に来るんです。だから、常に運をつかむように準備している人が「運」のいい人なんです。あるいは、「運」をつかもうと必死になっていると、誰かがちゃんと見ていて、最後にご褒美がもらえる気がします。

ところが、運が来ているのに、気づかないことがある。「運」が悪いというのは、そういうことです。自分が準備していなかっただけなのに、「運がない」と嘆《なげ》いたり、「お前はいいなー」と他人をうらやましがったりする。そんな人をいままでたくさん見てきました。

サッカーの試合もそうです。僕の経験からいうと、敗戦の原因は8割がた、たまたま「大丈夫だろう」と思って敵のマークをはずしたり、「次があるだろう」と最後まで走り込まなかったり、自分たちがやるべきことをやっていないことなんです。

日本代表監督をやっていたとき、選手たちに過去の試合の映像を見せて、「こいつがここできちんとスライディングしていたら、やられてないだろう？」「こいつがここへちゃんと走り込んでいたら、点が入ってるんじゃないか？」とよくいっていました。

だから僕は、細かいことにものすごくうるさいんです。ダッシュの練習では、ゴールまで絶対手を抜かないで、走りきるよう選手にしつこくいいます。本番で誰かがたった一度、あと1メートルしっかり走らなかったために運をつかみそこねて、ワールドカップへ行けなくなるかもしれないからです。

王　当たり前のことを諦めないで、粘り強くやることがどれだけ大事か。それで勝てるかどうかはわからないけれど、やらなければ勝てる可能性がゼロになるんですね。

岡田　本当にその通りです。それなのに、みんな「あの戦術が……」なんていっている。僕からしたら、戦術は大切ですが、そんな問題じゃなくて、誰かが手を抜いていただけだろうと思うわけです。

分かれ道では直感に従う

王　「運」といえば、人生では右へ行くか左へ行くか迷う「分かれ道」があります。普通、いろんな条件を考えてどっちへ行くか決めるものですが、直感で選んだほうが、「運」に恵まれることが多い気がします。

岡田　そういうことってありますね。

僕は、選手を辞めてコーチとしてプロ契約をするとき、すごく悩みました。当時、サラリーマンとしては結構いい給料をもらっていて、プロ契約をしたとしても、ほとんど収入は変わらなかったんです。

でも、ちょうどその頃、日本のサッカー界がプロ化していく流れがはっきり見えてきていて、「オレもこの流れに乗ってみたい」と思いました。それでもなかなか踏んぎりがつかなかったので、家内に相談しました。すると、「やってみたらいいじゃない。もしだめだったら、新婚当時の風呂なし6畳一間の生活に戻ればいいんだし」といってくれたんで、踏んぎりがつきました。[*12]

ひとりじゃなかなか決められませんでしたが、いまから振り返ると、そのときの大きな流れにうまく乗ったんだと思います。

王　サッカーの日本代表監督を引き受けたときの決断というのはどうだったんですか？

岡田　先ほどもお話ししましたが、1997年、最初に日本代表監督を引き受けたのは、ワールドカップへの出場をかけたアジア地区最終予選の遠征途中で、非常事態だったのでやむを得ずというところがありました。サッカー協会の幹部から「ヘッドコーチのお前が、代わりに指揮をとれ」といわれたときは本当に驚きましたが、監督なしで試合に臨《のぞ》むわけにもいかず、最初は1試合だけのつもりだったんです。これもある意味、流れに乗った決断だったのでしょうね。

2007年に2回目の代表監督を引き受けたときは、ちょっと違います。前任のオシム監督が脳梗塞《のうこうそく》で倒れ、誰を後任にするかという話になったとき、いろいろな状況を考えると、絶対引き受けられないと頭では思っていました。ところが、自分でもよくわからないのですが、腹の底から「チャレンジするんだ」「逃げちゃダメだ」という思いがわき上がってきて、止まらなかった。後で思えば、外国人ありきの議論が多い中で「日本人だってできる」という気持ちがあったんです

＊12―日本のサッカー界には以前、アマチュア選手しかいなかったが、1980年代後半から日本サッカー協会においてプロの選手、プロのチームによる、プロリーグの設立が検討され、1993年にJリーグ（日本プロサッカーリーグ）が発足した。2011年現在、J1に18クラブ、J2に20クラブが所属している。

ね。

王　それもある意味、流れじゃないですかね。

僕が第1回WBC（ワールド・ベースボール・クラシック）の代表監督を務めたのも、自分が望んでというより、まわりの状況から「これはオレがやるしかないだろう」という感じになって、「よし、それなら」と引き受けたものです。

結局、人生には節目節目《ふしめふしめ》で分かれ道があって、そのときどっちを選ぶのが正解なのか、わからないことも少なくありません。そういうときには、挑戦しがいがあるほうを選ぶことが流れに乗ることなんだと思います。

“ここぞ”というときのチャンスのつかみ方

岡田　何かの試練にしろ、分かれ道にしろ、僕は「これはきっと意味があるに違いない」と考えるようにしています。

たとえば、リーグ戦の大事な試合前に中心選手がケガをしたとすると、監督としては「うわあ、えらいことになった。どうしよう」と思うのが普通でしょう。でも、「ひょっとするとここでチームが勝ったら、すごく勢いがついて、そのまま優勝するんじゃないかな……」と頭を切り替えて、対応策を考えるんです。そうすると妙なプレッシャーを感じることなく、直感も冴《さ》えるような気がします。

王　僕の場合、右へ行くか左へ行くか決めないといけないときにもうひとつ大事にしているのは、好奇心です。「これ、面白そうだな」と思ったら、そっちを選ぶんです。そこから新たに多くの人と出会えたり、未知の可能性が開けてきたりします。

岡田　森信三《しんぞう》という哲学者であり教育学者だった人が、「人というのは、出会うべき人に必ず出会う。一瞬たりとも遅からず、一瞬たりとも早からず」ということを著書に書いています。

選手や監督の頃はサッカー関係の人とのつき合いが中心でしたが、いまはむしろサッカー以外の学者や企業経営者など、ジャンルを問わず、多くの人とお会いする機会があります。そういう出会いも、僕はすべて必然だと考えています。そう考えるほうが前向きにおつき合いできるし、よけいなことで悩まなくてもいい。そういうのもチャンスをつかむ上では、プラスになっている気がしますね。

執念に近いこだわりが「運」を呼ぶ

王　野球やサッカーなどの真剣勝負の世界では、勝ちと負けとで雲泥《うんでい》の差があります。勝てばすべて帳消《ちょうけ》しになりますが、負けたらミスだけが取り上げられる。やる以上、勝たないと意味がないんです。

だから、チャンスをつかむ根底には、自分なりのこだわりが絶対欠かせません。僕は現役時代、常に「勝つ」ことを意識していました。監督時代にもよく選手に、

「チームでいちばん勝ちたいと思っているのはオレなんだ！」といっていました。

そういう勝利へのこだわりについてもっとも影響を受けたのは、巨人の川上（哲治《てつはる》）監督です。川上さんの勝利への執念《しゅうねん》には、ものすごいものがありました。僕が巨人に入団して3年目に川上さんが新しく監督に就任されたのですが、すぐにリーグ優勝し、日本シリーズに出ることになりました。

そのシリーズが始まる前、横なぐりの豪雨の中で練習したことがあります。選手は、みんなびしょ濡《ぬ》れです。グラウンドの端にテントを張って火鉢《ひばち》に炭で火をがんがんおこし、暖《だん》をとっては、また練習に飛び出していく。あんな無茶苦茶な状況で選手たちに練習させたのは、絶対勝つんだという川上さんの執念を伝えたかったんでしょう。

岡田　監督の最大の仕事は決断することですが、決断によって「運」を運んでくるには、勝利へのこだわりが不可欠です。「チームが勝つためにはどうしたらいいのか」ということをとことん突きつめると、自分の感覚が最高に研ぎ澄まされる瞬間があって、そういうときにはかなりの自信を持って決断できます。

もちろん、それでもうまくいかないときはあります。今回のワールドカップ(南アフリカ大会)でグループリーグ敗退《はいたい》なんてことになっていたら、いま頃こうやって、王さんと対談していることもなかったでしょう(笑)。

王　いやいやほんとに、大変でしたね。

野球に比べてサッカーは、負けたらすべて監督の責任ということになりがちですね。すぐ「監督を替えろ」といった話が出てきますが、プレーするのは選手たちであって、選手がそれぞれ自分の役割をきちんと果たすかどうかが重要なわけです。そういうふうに選手を指揮《しき》するのが監督の役割だとしても、ひとりだけ責められたら、いい監督が育つはずがない。

岡田　特に日本代表チームの監督なんて、日本人でやろうという人間はまあ、いないでしょうね。どう考えても割に合いません（笑）。

王　その点、プロ野球は年間140試合ほどやりますから、毎試合いろいろいわれるけれど、ひとつひとつのインパクトは小さいですね。選手の一軍登録や試合での起用などは監督が決めるんですが、表向きは球団の決定という形をとりますし……。

ただ僕も、福岡ダイエーホークスの監督に就任して2年目に、チームがなかなか勝てずに最下位に低迷していたときがあります。試合が終わってバスで球場を出ようとしたら、ファンに取り囲まれ、卵を投げつけられたりして、びっくりしました。「なんでこんな目に遭わなきゃいけないんだ」と悔しい思いをしましたが、自分にも選手にも、「とにかく、オレたちが勝てばいいんだ。勝てばこんなことはなくなるんだ」といい聞かせていました。

「練習」は嘘をつかない

王　結局、福岡ダイエーホークスがAクラス（リーグ戦を戦う6チームの中で3位以内）に入るまで、監督就任から4年かかりましたが、それはコーチ陣の強化や戦力の整備を地道に進めた結果です。

「運」を手繰《たぐ》り寄せるにも、それなりの時間がかかるんです。だから、積み重ねを忘れちゃいけません。昨日すごくよかったとしても、今日どうなるかはわからない。「継続《けいぞく》は力なり」という言葉がありますが、まさにその通りです。

岡田　継続はもちろん大事ですが、成功体験がないとなかなか続かないということもあるんじゃないでしょうか。

王　そうなんです。僕は野球が大好きですが、バットを振ることそのものが好きだったわけではありません。バットを振ればより強い打球が打てる、もっとホームランを打てる。だから練習したんです。

ホームランを打つと、誰も僕をとめられません。誰にも邪魔されずに「どうだ、見たか」なんて思いながら、ゆっくりダイヤモンドを回るんです。ベンチに戻ると、仲間がみんな喜んでくれると同時に、うらやましそうな顔をする。

この快感はホームランを打った者にしかわかりません。これを味わうと、「よし、また打ってやろう！」という気になるんです。

岡田　練習はただ耐えるだけじゃ、続かないですね。

僕の場合、中学からサッカーを始めたんですが、先ほどいったように毎日やっていると、今日10回できたボールリフティングが、次の日は20回できる。それが楽しくて、夢中でやっていました。

そんなに大きな成功体験じゃなくても、自分が少しずつ前進しているという手ごたえがあると、続けられるものです。

王　僕は「打てるようになって、初めてわかるプロの目覚め」とよくいうんですが、プロに入ったばかりの選手は誰しも、「自分はどれだけプロとして通用するんだろう」という不安な気持ちがあります。

僕も、高校を卒業して巨人に入団した当初、体力も技術もまわりのレベルが全然違う。そこで、よけいなことはいっさい考えないようにし、歯を食いしばってやっているうちに少しずついい結果が出て、もっと頑張ろうという気になっていきました。

いまでもルーキーで、1年目から活躍する選手なんてほとんどいません。みんな最初は壁にぶち当たりながらもがいているうちに、やがて活躍できるようになる。プロに入ってくるのはそれなりに素質のある人たちですが、すぐプロとしていい成績が残せるわけではありません。やはり粘り強く練習を続けるしかないんです。

サッカーでも、ここいちばんという大切な試合でフリーキックを決める選手がいますが、相当練習しているんですよね。

岡田　練習で10本蹴《け》ったら、僕でも1本ぐらいは同じようなフリーキックが蹴れます。普通の選手なら、10本蹴って2、3本でしょうか。

でも、試合で決められる選手というのは、練習では10本蹴ったら8本ぐらいは思い通りに蹴ることができるんです。

1本のフリーキックだけ見たら、自分にもできると思うわけですが、100本に1本できるのと、10本中8本できるのとはまったく別物です。それが練習の成果なんです。

王　自分の狙《ねら》った通りに蹴らない限り、点にならないですもんね。あれはすごい技術だよね。

岡田　野球でも打撃練習をしているときは、どんな選手でも観客席まで球を飛ばすことがよくあるじゃないですか。それと試合で打てるというのは、また違いますよね。

王　特に身体の大きい選手は、練習でガンガン柵越《さくご》えします。でも、あれは投げるほうが「どうぞ打ってください」という球を投げるからで、試合では逆に「打たれてたまるか」と目の色を変えて投げてきますから、不思議なくらい球が前に飛ばないんです。

結局、うまくなりたければ、練習するしかありません。練習は嘘をつかないんです。

すぐに結果を求めない

王　ところが最近は、いろんな情報が手に入るので、小学生や中学生でもすぐ他人と比べて、「どうせ自分は……」と後ろ向きの気持ちになったり、逆に「自分はすごい！」と天狗《てんぐ》になってしまったりする。そして何をやるにしても、〝見返り〟みたいなものを常に求めている感じがします。

スポーツにしろ勉強にしろ、将来、お金をたくさん稼《かせ》ごうなんていうところから始めるんじゃなくて、最初はそのスポーツが好き、その勉強が楽しいというところから入ってほしいですね。そして上達してくると、まわりから認められて声がかかるというのが自然な流れです。

それなのにみんなすぐ、結果を求めてしまう。この頃は、和食店の板前《いたまえ》さんやレストランのコックさんになろうという人でも、下積みの修業《しゅぎょう》をきちんとする根《こん》気《き》がないそうです。テレビなんかで活躍している料理人やシェフを見て、「皿洗いなんて冗談じゃない」と思っちゃうんでしょうね。

岡田　それも可哀《かわい》そうです。苦労は脇において、成功した話だけ見聞きしていると、ちょっと修業したら、自分もすぐ店を持てるように勘違いするんでしょう。そんなに簡単にうまくいくはずはありません。やってみようと行動するところまではいいんですが、結果を早急に求めたり、ましてや結果が出ないからといって、すぐに諦めるのは、人生を棒に振ることと同じです。

王　仕事に限らず何をするにしても、僕は「やった！」という達成感とか、胸の中にこみあげてくる熱い感動こそが、本当の報酬《ほうしゅう》だと思うんです。お金や名誉は、その後に必ずついてきます。

僕らが小さい頃にはみんなソロバン塾へ行って、ソロバンを習っていました。普段の練習とは別に進級試験とか珠算《しゅざん》競技大会があって、そういうのにドキドキしながら出場し、「やってよかった」「頑張ってよかった」と感じられることでうまくなっていきました。

先日、テレビを見ていたら、中学生による科学研究コンテストの発表をやっていて、4年間ウミウシを水槽《すいそう》で育てた様子を記録した子や、ツバメの巣にいるヒナの位置によって、親が与えるエサの量に違いがあるのかどうかを調べた子が紹介されていました。そういうふうに何かに興味を持って粘り強く頑張るのは素晴らしいことです。

岡田　何か自分が得意なこと、やって楽しいことが見つかったとき、より高いレベルへ行きたいというのは人間の本能でしょう。

そうやってチャレンジしているうちに、「運」も向こうからやってくるんですよ。

王　僕自身、どちらかというと不器用なほうでね。不器用な人間のほうが、「自分にはこれしかないんだ」と思って一生懸命続けるからいいんです。器用な人は、かえってすぐに諦めることがあります。

プロの世界では、最初の2年や3年成績がよくても、それほど給料は上がりません。どんな分野でもそうでしょう。長く続けることによってようやく地位や待遇が上がるものなんです。

岡田　僕が高校生のとき、ユース代表に入った高校生3人のうちの1人に選ばれたのも、サッカーに夢中だったということが大きかったような気がします。

当時、インターハイに出たこともなかったんです。全国大会は大阪選抜で国体に1回出ただけです。それでも、たまたま埼玉と兵庫の公立高校との練習試合にユースの関係者が見に来ていて、「あの眼鏡かけた長髪《ちょうはつ》のやつは誰だ？」と発見してもらって、推薦《すいせん》をもらえたんです。

王　えっ！　眼鏡をかけて、サッカーをしていたんですか？

岡田　はい、高校生のときまでは眼鏡でやっていました。当時はまだハードコンタクトレンズしかなかったのですが、僕はちょっと苦手だったんです。

中学校ではプラスチックのフレームにガラスのレンズ、それをゴムバンドで頭に留めてやっていたから、しょっちゅう割れて、顔を切ったこともありました。そのつど新調《しんちょう》するので、お金もかかって、父親に怒られましたね。

高校では金属フレームにプラスチックレンズ、耳のところで少し長くなった金属フレームの先を巻いて留めるスポーツタイプにしたら、壊さなくなりました。決して見た目はよくありませんが（笑）。

王 それでも中学生から始めて、ユース代表に選ばれたというのは、サッカーにそれだけ集中していたからでしょう。

岡田 当時は小学校からサッカーをやる地域というと、静岡、広島、それと埼玉、東京ぐらいかな。そんなに広がっていませんでしたし、レベルも低かった。いまだと、中学生から始めていたら、なかなか上へは行けていなかったでしょうね。

王 いずれにしろ、好きなことを一生懸命やっていると、どこかに必ず見てくれている人がいるものです。

「運」がいいとか悪いとかいうのも、そういうことなんでしょうね。

第7話のまとめ

●「運」は誰にでも平等に来る。「運」のいい人とは、運がいつ来てもつかめるよう、常に準備している人のこと。
●小さなことに手を抜くと、運が逃げる。
●「やった！」という達成感こそが本物の報酬。お金や名誉はその後についてくる。

第8話「あそこが悪い」「ここを直せ」という大人は信用するな!

欠点には目をつぶって長所を伸ばせ

岡田　小さいことでいいから成功体験を積み重ねていくのが大事なんですが、そのとき短所をカバーしようとするより、長所を伸ばそうと考えるほうがうまくいくように思います。

王　自分の欠点ばかりいわれるのは誰だって嫌です。僕だって「足は速くないね」といわれるより「球が遠くまで飛ぶね」と褒められたほうが、明らかにやる気が出てました。

岡田　僕は監督時代、それぞれの選手の長所を見るようにしていました。短所ばかり見ていると、「こいつ、使えないなー」と思ってしまいますが、よいところを見ていると、「なんとか使い物になるかな」と考えられるようになる。すると、褒める回数も増えていくので、選手のほうもやる気が出てくるんです。

試合前にも必ず、「ここにいる選手はみんな、必ずいいところを持っている。試合ではその長所を生かせ」といっていました。

たとえば、日本代表で長年キャプテンを務めた中澤（佑二《ゆうじ》）というセンターバックがいるんですが、彼は相手をつぶすのが得意なんです。ところが、ちょっといいパスを出そうと色気《いろけ》を出すと、とたんにディフェンスまでだめになる。そうじゃなくて、「オレは今日、こいつを徹底的につぶしてやる！」というふうにガンガンやっていると、素晴らしいパスも自然と出るんです。

チーム全体でも、長所をどんどん押し出していくと、自然に欠点まで消えることがあります。逆に、せっかく連勝して波に乗っているのに、あえて欠点を修正し完璧《かんぺき》を目指そうとして、ガタガタガタガタってチームが崩れていく経験を何度もしました。

王　「もっとよくしたい」という思いは常にあるわけですが、欠点に目を向けると、なぜか悪い面が出てくるということでしょうね。

僕は、巨人に入団してから3年ほど、二本足で打っていたときは、あまりよい結果が出ませんでした。ところが一本足で打てるようになったら、今度はまわりから二本足で打つやり方に戻したらどうだとアドバイスされました。一本足打法にはホームランなどの長打が出やすいという長所がある一方、タイミングがつかみにくく三振が多いという短所もあった。その短所を埋めるにはバランスのいい二本足にしたほうがいいと、当時の川上監督や荒川コーチなどが、親切心からそういってくれたんです。

でも二本足にすると、一本足のよさである長打が出なくなる。僕は「自分には一本足しかない」と思い、頑《がん》として譲《ゆず》りませんでした。なぜなら、一本足で実際に打っているのは僕であって、他の人が一本足で打っているわけではない。自分の経験と直感からそう確信していたんです。

岡田　なるほど。長所に目を向けていると、身体が自然に動くんでしょうね。逆に短所を気にしていると、判断に迷いが生じるような気がします。

監督の頃、僕はいつも試合の翌日、編集した試合のビデオを選手と一緒に見ていました。僕がいちばん前に座ってひとつひとつのプレーにコメントし、僕の考えを選手に伝えるんです。

昔はその際、「ここはパスすべき」「ここはドリブルすべき」といった〝べき論〟で話をしていました。要は欠点を直そうとしていたんです。

ところが、どうもそれでは選手の動きがよくならない。普段、僕は「中盤ではシンプルにパスをつなげ」といっているんですが、ときにはドリブルしたほうがいい場面もあります。そういうとき、僕の〝べき論〟が頭に残っていると、選手はボールを持った瞬間に「パスかな、ドリブルかな」って考えるんです。こういうふうに考えさせるということ自体が、もう自然体じゃないんですよね。脳と身体がぶつかってとまってしまう。

　そこで、「このパス、いいね」というい方をするように変えていきました。同時にドリブルの場面も見せて、「いいドリブルだね」とポロッとつぶやくんです。そうすると選手は、「あ、ドリブルもいいんだ」ということが頭にすっと入り、状況に応じて身体が自然に動くようになるんです。

王　野球でも、練習でガンガン打つのに試合で打てない人と、練習でも試合でもそれなりに打てる人がいて、どこが違うのかというと、岡田さんがいうように自然に身体が動くかどうかです。よく、ここいちばんというところでヒットを打った選手が「夢中でバットを振りました」といっているのはそういうことなんだと思います。

岡田　僕は以前、脳について少し勉強してみたことがあります。

　脳には新皮質《しんひしつ》と旧皮質《きゅうひしつ》があって、人間の脳だけが他の動物と違って、新皮質と呼ばれる部分が発達しています。新皮質というのは物事を考えたり、判断したりする理性的な活動を担《にな》っているのですが、旧皮質に比べると情報の処理速度がひどく遅いんです。

たとえば、新皮質でキャッチボールはできません。ボールが飛んできたからグローブをはめた手を伸ばし、次に指を開いて、ボールが入ったら閉じる、なんて考えてやっていたら、ボールはどこかに転がっていくでしょう。瞬間的な判断や動作は、旧皮質を使って感覚的にやらないとうまくいかないんです。

サッカーでも、ボールをもらったときに、パスするかドリブルするかを新皮質で考えているようでは遅すぎます。旧皮質を使って、素早く自然に身体が動くようにならないと、いいプレーはできません。いいプレーをするには脳が気持ちよく生き生きと回転している状態じゃないとだめで、それには長所を強く意識するのがいいんです。

王　野球のバッティングの場合、ピッチャーが球を投げてからキャッチャーのミットに入るまで、0・5秒ほどしかかかりません。その0・5秒の間に球を見極《みきわ》めて、バットを振るか振らないかを決め、振るときはヒットやホームランを狙わなくてはなりません。これはもう感覚というか、反射的に身体が動くかどうかにかかっています。理屈で考えてできる世界ではありません。瞬時に、的確に動けるようにするにはどうしたらいいか、僕もそういうことをいつも考えてきました。

いろいろな選手をみても、常にうまく打とうとか、どんな球でも対応しなきゃならないなんて意識しすぎると、結果的に打ち取られることが多いですね。プロ野球では1試合にだいたい4回打席がまわってきて、1シーズン600回ほど打席に立ちます。そのうち3割打てば好打者《こうだしゃ》といわれますが、実は7割は打ち損《そこ》ねているわけです。そこで、とにかく思い切って、自分の得意な形で打とうとする人のほうが、いい結果を出すんです。

済んだことは振り返らない

岡田　自分の得意な形を意識したほうがいいというのは、プレー以外にもありますね。

僕の場合、短期集中型といえると思います。ひとつのことに集中して結果を出したら、また別の新しいことにチャレンジしたくなってしまいます。

逆に、同じことをなかなか続けられません。将棋の羽生さんは本の中で、「同じことをずっと続けるというのも、ひとつの能力だ、才能だ」と書いていて、確かにその通りなんですが、僕にはその才能はないですね。

大学で1年先輩の西野朗《あきら》さんは10年くらいガンバ大阪の監督をやっていて、Jリーグ優勝はもちろんAFCチャンピオンズリーグの制覇などを成し遂げています。西野さんに「よく同じチームで何年もできますね」といったら、「いや、オレはお前みたいに次々新しいことをやるのは嫌なんだよ」と笑っていました。あと僕が得意なのは、土壇場《どたんば》にきたときに開き直れること。本番にすごく強いんです。いまでもテレビ番組に出演するときは収録が苦手で、生放送のほうが得意です（笑）。

追い込まれないと本当の自分がなかなか出せないというのは、ちょっと天《あま》の邪鬼《じゃく》なところがあるんでしょうね。どこかで「くそー」という気持ちにならないとパワーが出ません。

王　人それぞれ持ち味が違うんですよ。

僕が得意なのは、自分のできることを徹底的にやることです。うまくいかなかったときは、しばらく怒りや悔しさにどっぷり浸《つ》かって、頭をパッと切り替える。プロ同士の戦いでは、相手もプロなんですから、やられるときも当然ある。だから、そこはもう切り替えるしかないんです。

チームメイトに対しても、文句をいいたくなることがあるじゃないですか。「お前があそこでミスしなければ」なんてね。でも、そんなことをいったって、失点はなくならないんですから、次のチャンスに点を取り返すしかありません。

僕は済んだことは振り返らないんです。「ああすればよかった、こうすればよかった」なんて、ほとんど口にしません。まわりからはよく、過去に関心がなさすぎるといわれます。「もうちょっと反省してもいいんじゃないか」と感じる人もいたでしょう。

でも、だからこそ、僕はあれだけホームランを打てたのだと思っています。打ち損じても、しばらくしたら気にしない。考えるのは、次の打席でどうやったらホームランを打てるかということだけです。

岡田　自分のできることを徹底的にやるというのは、よく見せようとか試合を楽しむとか、そういうのとはまったく違うんでしょうね。

王　先ほどの岡田さんの話じゃないけれど、誰でも普段、あまりやったことのないことをやってみたくなるときがあります。でも、自分がやれること、自分が得意なことを確実にやるほうが、絶対よい結果につながります。

自分のできることを徹底的にやる。そして、うまくいかなかったときは、パッと切り替える。

岡田　それは意識してですか？

王　自然とそうなっちゃったんです。

僕は「過去は動かせない」と考えていますが、ときどき、過去をもうちょっと大事にしたほうがいいのかなって自分で思うときもあります。でも、興味があるのは自分で変えられる未来のほう。だからいつも先のことを考えています。

決めたら思い切りやるだけ

岡田　僕も済んだことはしょうがないといつも思ってますし、王さんと同じで徐々にそうなってきました。

いちばん大きなきっかけは繰り返しになりますが、41歳のときワールドカップ・フランス大会のアジア最終予選の途中で、いきなり日本代表の監督になったことです。なかなか勝てずにまわりから大変なバッシングを受け、のたうち回っていました。

当時すでに2002年のワールドカップ・日韓共催《きょうさい》が決まっていました。かつて、ワールドカップ初出場が開催国枠《かいさいこくわく》での出場という例はなかったので、「そんな屈辱的《くつじょくてき》なことはまかりならない。フランス大会に絶対出なければならない」とサッカー協会からも厳命《げんめい》がありました。

最後の最後、マレーシア・ジョホールバルで行われたイランとのアジア第3代表決定戦[*13]の前日、家内に電話で「もし、明日の試合に負けたら日本に住めないと思うから、覚悟しといてくれ」と伝えました。

でも、家内と話した後、「絶対に勝てといわれてもなー」と考えているうちに、こう思ったんです。「ちょっと待てよ。明日オレにできるのは、自分のベストを尽くすこと以外にない。死ぬ気でやるし、それでだめだったら、素直に謝《あやま》ろう。でも、負けたとしてもそれはオレだけの責任じゃない。むしろ岡田なら絶対ワールドカップへ行くって、オレを任命したサッカー協会の責任だ。オレが全力を出してだめなら、それはサッカー協会の会長が悪いんだ」

そうやって完全に開き直ったら、怖いものがなくなりました。すっきりした気持ちで試合に臨んだら、ゴールデンゴールで劇的に勝ち、フランスへ行くことができたわけです。

そういう経験をしたので、選手にもよくいうんです。「プレーする前にミスしたらどうしよう、負けたらどうしようなんて考えるな。そんなこと、負けてから考えろ。ミスしてから考えろ」ってね。

王　取り越し苦労がどうしてもプレーに出てくるんですね。結果はやってみなければわからないのに、悪いほうへ悪いほうへと考えるわけです。

誰でも不安があるから、取り越し苦労をすることもあります。でも、だんだんやっていくうちに図太《ずぶと》くなって、プラス思考になるものです。

何度も苦しい思いをして、「全部できるわけじゃないんだ」「やれることはこれだけなんだ」というのがわかってくると、そこで腹が決まるんです。

岡田　いちばんだめなのは、過去のことをいつまでも引きずって、目の前にあるチャンスや可能性を信じることができないことだと思います。

王　終わったことは悩んでもしょうがないし、考えても変わりません。それなら

＊13——当時、アジアからワールドカップへ出場できるのは4カ国（そのうち1カ国はオセアニア代表とのプレーオフ）で、日本はぎりぎりのところで第3代表の決定戦に出場した。

先のことを考えたほうがよっぽどいいわけです。切り替えはとても大切なんです。

岡田　僕は監督時代、「あの選手のプレーがまずかったな」と思っていても、記者会見でそんなことはおくびにも出しませんでした。次にチームが勝つために何をすればいいか、どう発言するのがチームの勝利につながるのかということだけを考えていました。だから記者会見で、本当のことなんか口にしたためしがありません（笑）。

そのせいで、誤解されたり嫌われたりもしましたが……。

王　監督がみんなに好かれることなんてありえません。明日からどうするかを考え、後は決断するだけです。

岡田　僕の場合、切り替えが早いというのは物忘れが激しいだけかもしれません。先日も、卒業した小学校の同窓会があって出席したところ、「岡田君はあのときはこうだった、ああだった」とみんなにいわれたんですが、まったく憶えていない。かろうじて憶えていることといえば、女の先生に職員室に立たされて、「これがうちの児童会長だから恥ずかしいわ」と叱《しか》られたことくらいです。

実は、NHK総合の「クローズアップ現代」という人気番組でキャスターをやっている国谷裕子《くにやひろこ》さんも小学校の同級生だったんです。そのことを知らないまま、番組に2回ほど出たことがあります。

そうしたらある日、自宅に国谷さんからファックスが来て、「いま、ワイドショーを見ていたら、私の出身の小学校が出てきました。岡田君の母校だというので慌《あわ》ててアルバムを見たところ、私とあなたは同級生でした」って書いてありました。僕も憶えていなかったけれど、向こうも憶えていなかったんですよ。

ファックスには続けて、「私が帰国子女《きこくしじょ》で、きちんとした日本語がしゃべれなかったとき、『ヤンキー、ゴーホーム』といじめたのが岡田君だったことを思い出しました」とも書いてありました（笑）。

まあ、本当かどうか憶えていないけれど、相当な悪ガキだったんでしょうね。

自分を追い込むと楽しくなる

王　その後も〝やんちゃ〟だったんですか？

岡田　いや、通っていた中学校がすごく荒れていて、僕はまあ真ん中くらいでしたでしょうか。

いまからは想像できないかもしれませんが、シンナー吸ってフラフラのやつが、廊下を歩いていたり、授業中、窓ガラスがしょっちゅう割られたり、番長格が校内マイクで「男子は全員体育館に集合！」ってやると、みんな体育館に集まったりしていました。

そんな中で僕はサッカー部の中心メンバーになっていて、番長もサッカー部に入っていたため、どういうわけか「岡田、こっちへこい」と壇上《だんじょう》に呼ばれるんです。「やめてくれ、お前らの仲間と思われたらかなわん」といって断っていましたけどね（笑）。

そんな学校だったし、中3の夏にはドイツに留学してプロになるつもりだったので、父親には「もう日本の高校へは行かない」といっていました。

それがお話ししたようにジャーナリストの賀川浩さんに説得されて諦め、日本の高校に行くなら受験勉強をしなきゃということで、1年生の教科書から全部やり直しました。最後は3カ月ぐらい家庭教師をつけてもらって勉強したら、希望の高校に合格しちゃったんです。

王　忘れっぽいということと、集中力がすごいということは、ちょうどコインの裏表のようなものかもしれませんね。

岡田　ただ、程度によるのかもしれません。

自慢にもならないんですが、大学時代、試合開始の時間を間違えて友だちが呼びに来たり、自分ひとりだけ違う色のユニフォームを着て行ったり、シューズを忘れて試合場近くのスポーツ店で布のシューズを買って試合に出たこともありました。

いまでも家を出た後に、必ず忘れ物を取りに戻るんです。スケジュールもうろ覚え。「この後、どこへ行くんだったっけ?」とマネージャーにいつも聞いています。

ある人によると、こういうのは幼児的な心理なんだそうです。「明日は何時にどこ集合、ユニフォームはこれ」とかいわれても、なぜか頭に入ってこないんです。誰かが聞いているから、いざとなれば、後で聞けばいいやと思っている。後でなんとかなるものは人に任せて、自分は好きなことだけしているわけです(笑)。

王　集中力がすごいということと、関係しているんじゃないですか。

岡田　そうかもしれませんね。僕は昔からテレビでも映画でも、夢中になって見ていたら声をかけられても、まったく気がつかないタイプなんです。よく家族に、「何度呼んだら気がつくんだ」と笑われていました。

忘れっぽいのとは少し違いますが、ワールドカップが終わってから、当時の試合をもう一度見るということもありません。見たいと思わないんです。あのときの雑誌もまったく読んでいません。

最高に楽しいときというのは、いろいろな苦労を乗り越えて何かを達成した瞬間であって、それをもう一度ビデオで見たり活字で読んだりしても、意味がない気がするんです。その最高の瞬間を味わいつくしたから、もういいやという感覚なんです。

だから、短期集中型なんでしょうね。中学でも高校でも、サッカーをやっているときはサッカー以外には目もくれないし、受験のときは勉強ばかりやっていました。

王　さっき、若いうちはいろんなことをやってみればいいといいましたが、「これは！」というものが見つかったら、それに集中するのがいいと僕も思います。「これは」というものをコツコツ極めるというのは、日本人の特長《とくちょう》でもあるんじゃないでしょうか。階段を上がるのでも、無理に2段飛ばし、3段飛ばしを続けていたら、そのうち躓きます。やはり1段1段踏みしめていくほうが、結局高くまで上れるんです。ウサギとカメでいえば、カメのほうが先にゴールに着くのと同じことでしょうね。

岡田　僕は何かをやるとき、人からいわれるとか、やむを得ずというのが嫌いで、自分の意思でチャレンジするのが好きです。そのせいか、いつもあえて厳しい道を選んでいるように外からは見えるようです。

話は脱線《だっせん》しますが、僕の好きな女性は、だいたい気の強そうな人なんです（笑）。家内は2つ年上で、僕と結婚した当時はもう社会人でしたから、僕のことをちょっと生意気な学生くらいにしか思っていなくて、「なんとかして自分のいうことを聞かせてやろう」と思っているうちに結婚しちゃいました。

最近も、ホノルルマラソン[*14]を走ることにして練習を始めたら、数日で肉離れを起こしてしまい、心が折れそうになりました。そんな僕の横をずっと年上のおじいさんやおばさんが耳にイヤホンなんかしながらタッタタッタと走っていく。もう悔しくて「なにくそ」と火がつき始めたところです。家族は「やめといたら」といっていますが、だんだん燃えてきて、いまは毎朝5時に起きて走っています。コーチは同じ早稲田出身の瀬古《せこ》（利彦）に頼みました。

瀬古がホノルルまで自費で応援に来てくれるとかで、相当追い込まれています。

王　あんまり無理しないでくださいよ（笑）。

＊14――結果的に仕事のスケジュールと重なり、岡田はホノルルマラソンには参加できなかった。

岡田　ま、自分で自分を追い込むのは好きなので、楽しみながらやっています。これが誰かから「やれ」といわれたことなら、絶対無理でしょうね。

第8話のまとめ

- 自分の長所に目を向けていると、自然に身体が動く。短所を気にしていると、判断に迷いが生じる。
- 自分が得意なことをやるほうが、確実によい結果につながる。
- いちばんだめなのは、過去の失敗をいつまでも引きずって、目の前にあるチャンスや可能性を疑うこと。

第9話　「身体」は一生裏切らない

食べたもので「人生」がつくられる

王　僕は現役時代、睡眠にはずいぶん気を遣《つか》いました。その分、お金もかけましたね。布団や枕に凝《こ》ったり、寝室を完全に真っ暗にしたり、防音仕様《ぼうおんしよう》にしたりと、よく眠れる環境を整えていました。

食事についても、若い頃から他の選手よりは意識していました。父親が中華料理店を営んでいたこともありますが、特に22歳のとき初めてホームラン王になって、疲労回復とか体調管理の大切さを感じたのがきっかけです。

プロの世界で結果を出し、生き残っていくには、普段からの体調管理はもちろん、相手のピッチャーとギリギリの勝負になったときに、「オレは筋肉の質まで考えて食事しているんだから、こんなやつに負けるはずがない」なんて思い込むことも大事なんです。

岡田　僕は食事については、大学生の頃まではほとんど気にしていませんでした。社会人になったとき、会社で栄養士さんの講演があり、家内と一緒に話を聞きました。「サッカー選手としてやっていくには、食事には十分気をつけないといけない」といった内容だったと思います。

家内は選手時代、いろいろ気を遣ってくれていましたが、僕ひとりのときは、「とにかく満腹になればよし」という感じで、中華へ行ったら焼きそば、チャーハン、餃子、ライスの大盛りをめちゃくちゃ食べていましたね（笑）。

王　僕は昭和22年に小学校に入ったんですが、当時はまだひどい食糧難《しょくりょうなん》の時代でした。でも、家が食べ物屋をやっていたから、食べ物で苦労したという記憶はありません。僕の年代で子どもの頃、ひもじい思いをしたことがない人は少ないかもしれません。

そして毎日、それこそ日が暮れるまで外で遊んでいるような小学生でした。おかげで背丈《せたけ》はそんなに大きくないけれど、骨が太いし、筋肉の質もいい身体ができたんだと思っています。そんなに贅沢《ぜいたく》ではないけれど、成長期に身体にとっていいものを食べさせてくれた両親には感謝しています。

だから、いまの子どもたちを見ると、親が共働きだったりして普段からファストフードやコンビニのおにぎりばかり食べているんじゃないかなと心配です。

お母さんたちには、栄養のバランスがとれた手づくりの料理を子どもたちに食べさせてほしいですし、子どもも嫌いなものでも食卓に出されたものは、ちゃんと食べてほしい。それが後々、「体力」という形で響《ひび》いてきますから。

人生において何をやるにせよ、身体が資本《しほん》になります。その身体の素《もと》となるのが食べ物ですから、食べたもので「人生」がつくられるといっても過言ではありません。

岡田　僕が子どもの頃は、母親は身体が弱くて入退院を繰り返していました。食事は母親がつくってくれることもありましたが、お手伝いさんがつくることもあったかな。

いまは親が共働きというのもありますが、便利で手軽なものが身近にあるからつい、そっちを利用してしまうのではないかと思います。そういう意味で、便利な現代社会というのは、子どもたちの身体もだめにしているのかもしれません。

王　単純に昔がよかったなどというつもりはありませんが、社会が豊かになり環境がよくなればなったで、心にしろ身体にしろ、新たな問題が出てきているんでしょうね。

岡田　アトピーの子どもが増えているのもそうですね。

アトピーはもともと身体に備わっている免疫《めんえき》の働きのバランスが崩れて起こると考えられていて、その原因のひとつは赤ん坊の頃、雑菌《ざっきん》との接触《せっしょく》が少なかったり、抗生物質《こうせいぶっしつ》を使いすぎて腸の中の細菌がいなくなったりすることだと指摘されています。

王　いまの子どもたちは赤ちゃんの頃からミネラルウォーターで育っていたりするでしょう。清潔すぎるものばかり口にしていると、身体の抵抗力が落ちるんじゃないかと心配になります。

僕らの小さい頃は川で泳いだりして、その気はないんだけれど、川の水を飲んだりしていたものです。年中、青洟《あおばな》をたらしているような子もたくさんいましたが、その代わりアトピーの子どもはほとんどいなかったように思います。

ですから、いまの子どもにもお猪口《ちょこ》1杯でいいので、川の水を飲ませたらどうだなんて冗談半分でいっています。雑菌に触れることで、身体の抵抗力や免疫力が強くなることもあるんじゃないでしょうか。

岡田　確かに、川の水を飲ませるというのもありかもしれませんね。

先日、断食《だんじき》の集まりに誘われて行ってみたのですが、参加している人たちは健康オタク的な人が多く、普段何を食べているかについてばかり話をしているんです。僕も聞かれたので、「コンビニの弁当とかよく食べているし、お酒は毎日飲んでますよ」といったら、「そんな身体に悪いことして！」と怒られてしまいました。

ところが断食3日目くらいになると、健康的な食事をしているはずの人たちの調子がだんだん悪くなってくるんです。僕はもともと元気ということもあるでしょうが、なんともなくて、「ほらほら、たまには身体に悪いものも入れとかないとだめなんじゃないですか？」なんて冗談を飛ばしていました。

下半身を鍛えることがスポーツの基本

王　身体づくりといえば、下半身がとても大事です。野球で故障する選手というのは、大半が下半身に関わるケガや不調が原因です。「選手生命の終わりは下半身の衰えから」と僕はよくいっています。

岡田　サッカーは野球以上に下半身でやるスポーツで、それにはまったく同感です。特に試合の90分間、全力で走りきることのできる走力は不可欠です。

王　どんなスポーツでも、下半身が動かなかったら、上半身も動きません。野球のバッターは特に腰の切れが大事で、そのためには足が強くないとね。

　僕はもともと上半身は中量級なんだけれど、下半身は重量級で大きいんです。スタイルはよくないけれど、ホームランバッターに向いた体格《たいかく》だったんですね。うちは、父親も兄も下半身がすごく強かったので、そこは血筋《ちすじ》なんでしょう。

岡田　サッカーの場合、最近は[*15]体幹《たいかん》も重視されています。ワールドカップ・南アフリカ大会で日本代表があそこまで活躍できたのは、かなり前から体幹を強化するトレーニングを地道にやってきたことが大きかったと思います。代表選手ひとりひとりに体幹トレーニングのやり方を収めたDVDを渡して、普段からやっておいてもらったんです。

日本人はヨーロッパや南米、アフリカの選手に比べて、フィジカル（体格や体力）が弱いと昔からいわれてきましたが、一方で敏捷性《びんしょう》や粘り強さ、団結力といった日本人ならではの強みもあります。それを生かすためには、下半身とともに体幹の強化がカギを握っているのです。

王　身体というのは、親から受け継《つ》いだ部分もあるし、自分でつくりあげる部分もあります。

そうやって鍛えた身体は、どんなときでも自分を裏切らないし、スポーツに限らず、長い人生を乗り越えていくための財産になります。

若い人たちにはバランスのとれた食事をとり、思い切り運動をして、一生もの

＊15―体幹とは胴体のことで、腹筋と背筋を中心とした胴体を支える筋肉（体幹筋）の意味でも使われる。走ったり投げたり跳んだりなどのあらゆる動作の基礎となる。

の身体をつくってほしいですね。

第9話のまとめ

●お母さんは栄養のバランスがとれた料理を子どもに食べさせてほしいし、子どもも食卓に出されたものは、残さず食べてほしい。
●どんなスポーツでも下半身が土台となる。下半身を鍛えないと何もできない。
●鍛えた身体は、スポーツに限らず、長い人生を乗り越えていくための財産になる。

第10話 人のせいには絶対しない

「自分のため」が「チームのため」

王　もし生まれ変われるとしたら、僕はまた野球選手になりたいですね。現役時代には、１シーズン55本のホームランを打っていますし、通算８６８本のホームランというのは、単純にメジャーリーグとの比較はできませんが、世界一といわれています。

それでも、通算すると11打席か12打席に１回しか打ってないんですよ。ホームランを１本打つのに10打席以上かかっているわけです。

それに僕は40歳で引退しましたが、本来あと３年はやれたんじゃないかと思っています。そうしたら多分、ホームランは４桁（１０００本）いったんじゃないかな。だから生まれ変わってまた野球をやって、ホームランを打ちたいんです。

岡田　王さんのその、「もっとホームランを打ちたい」という情熱はすごいですね。なかなか真似《まね》のできるものではありません。

王　もちろん、そんなことといったって、全打席ホームランが打てるわけはありません。でも、現役当時はもう1打席1打席がすべてで、打てなかった直後は「なぜ打てなかったんだ」と自分を責めていました。

逆に、なんでも人のせいにできる人がうらやましかったですね。

岡田　普通はそういう人のほうが多いです（笑）。

王　でも、人のせいにしていたら、そこで成長はとまっていたと思います。自分で決めて自分でやっているという気持ちが根っこのところにあったから、頑張れたんでしょう。

岡田　王さんは選手時代、プレーするにあたってチームのためと考えるほうが多かったのか、それとも自分のためだと考えるほうが多かったのか、どちらですか？

王　僕は、練習でも試合でも常に、「自分のため」と考えてきました。「自分のため」といってやっていれば、結果はすべて自分の責任です。だから真剣になるし、そう簡単に諦めたりするわけにはいきません。

そして、ひとりひとりの選手が「自分のため」と思ってやれば、それがチームにとって必ずプラスになるんです。実際、僕は自分のためにホームランを打ったし、それがチームのためになっていました。

監督になってから「チームでいちばん勝ちたいと思っているのはオレなんだ」といっていたのも、チーム全員の力を結びつけて勝ちたかったからです。それは監督としての、「自分のため」なんです。中には不満な選手もいただろうけれど、中途半端に指揮されるより、「あの人は勝つために徹底してやっている」ということがわかれば、納得すると思うんです。そういうふうに監督として一貫性《いっかんせい》があれば、選手もやりやすいはずです。

岡田　僕も同感です。

1998年のワールドカップ・フランス大会のとき、本番前のメンバーの最終選考でカズ（三浦知良《みうらかずよし》）、北澤《きたざわ》（豪《つよし》）、市川《いちかわ》（大祐《だいすけ》）の3人をはずしました。そうしたらマスコミをはじめ日本中から非難の嵐です。脅迫電話はジャンジャンかかるわ、脅迫状は届くわ、それはもう大変でした。家の前にパトカーが警備のために張りつき、警察からは親が子どもの学校の送り迎えをするようにいわれる状況でした。

カズと北澤については、長い間一緒に戦ってきましたし、日本サッカーへの貢献には計《はか》りしれないものがあります。でもあのとき、本番での選手起用をいろいろシミュレーションした結果、いちばん出番が少ないと判断したから、はずしたんです。監督として「どうしても勝ちたい」という強い信念から生まれた決断であって、そのことは本人たちも理解してくれたと思います。

王　監督というのは常にチームの先頭に立って、闘う姿勢を示さなければなりません。岡田さんのそういう姿勢が、代表チームを引っ張ってきたんでしょうね。日本ではこれまで、自分を表に出すよりは組織の論理とか、まわりとの関係に気を遣うことを重視する傾向がありました。でも、最近はそうでもない気がします。自分の考えをどんどん押し出して進む人をそれほど否定しないし、むしろ求めている感じがします。

目標を本気で信じられるかがカギ

岡田　何かを成し遂げようとするとき、大事なのは目標です。目標がはっきりしていないとブレてしまいますし、まわりも何をしたいのかわからないから誤解したりします。

そして目標は低いより、高すぎるくらいのほうがいい。人間は自分の枠にとらわれているので、高すぎるくらいでちょうどいいんです。

ただ目標設定そのものは、実はそんなに大きな問題ではありません。いちばん重要なことは、その目標を本気で信じられるかどうかです。「ちょっと難しいけど、とりあえず目標にしておこう」という気持ちでは絶対にだめです。「必ず達成する」と心の底から信じきることが重要なんです。

ところが、みんな目標をつくった時点で満足しちゃう。日本人ってそういう人が多いんです。たとえば、元旦にその年の目標をノートに書いたら、あとはそのまま。目標を立てることが目的になっていて、どうやって達成するかなんて忘れてしまうんです。

極端なことをいえば、目標をつくることなんか、難しいことでもなんでもありません。目標が高いか低いかなんてことも、そう気にする必要はない。カギを握るのは、目標を本気で信じてチャレンジできるかどうかなんです。

王　目標を本気で信じるというのは、信念とか哲学といい換えてもいいと思います。それらを持っているかどうかで、結果は全然違いますね。他の人は関係なく、「自分はこうだ」といえるものを持っている人は、どんな状況になっても強いんです。

岡田　ワールドカップ・南アフリカ大会のとき、僕は「ベスト4」という目標を掲《かか》げました。最初は確信があったわけではありません。でも、アジア地区予選で出場が決まる前から、毎日「ベスト4に入る」と口に出していっていました。「入りたい」じゃなくて、「入る」です。毎日呪文《じゅもん》のように唱《とな》えていると、その気になってくるんです。

王　しかも、その目標をずっとブレずに、公言し続けたところが素晴らしかったですね。

岡田　チームの目標であれば、それを全員が本気で信じられないとだめです。全員が同じ目標に向かって、本気でチャレンジするというのは、そう簡単なことではありません。でも、それができたら、すごいことが起こるんです。

あのとき僕は、選手やコーチだけじゃなくて、スタッフ全員とコミュニケーションをとることを意識していました。みんなが「ベスト4」という目標を本気で信じられるよう、折に触れて口に出していました。

先日、チームに同行していた専属シェフが本を出すというので取材を受けたんですが、担当編集者によると、他の関係者も異口同音に、スタッフ間の意思疎通がものすごくスムーズだったといっていたそうです。それで、「岡田さん、何をされたんですか?」と聞かれたので、「僕は何にもしてないよ。ただスタッフも全員、本気でベスト4を目指してくれたんだろうね」と答えておきました。

本気でこのチームを勝たせたいと思ってくれていたからこそ、シェフは、食事のときに誰かがあまり食べていないことに気がついたら、僕に伝えてくれたんです。用具係のスタッフだってロッカールームで、「この選手、今日は元気ないな」と感じたら、必ずコーチに伝えてくれたんです。

目標が高いか低いかも大事なんだけれど、もっと大事なことは、その目標を自分自身が、チームであればメンバー全員が本気で信じて、それに向かっていけるかどうかということなんです。

王　僕も長年、監督をやってきたので、チームとしてひとつの目標を信じるのがどれほど難しいか、よくわかります。

ところで、岡田さんは目標を頭の中でイメージしたりするんですか？

岡田　笑われるかもしれませんが、僕はすごい夢想家《むそうか》で、今回のワールドカップ（南アフリカ大会）出場が決まったとき、まだグループ分けが決まる前に、決勝までいくシミュレーションをしていました。

僕の頭の中では、1試合目が大会のオープニングゲームに当たって、相手はブラジルなんです。グループリーグの3試合、それから決勝トーナメントの試合も全部、どんな展開でどうなるかイメージができていて、最後は決勝戦でドイツと戦うんです。

試合開始の笛が鳴る。主審《しゅしん》はヨーロッパのレフェリーで、日本に勝たせないようにという暗黙《あんもく》の力が働いている。だから、ファウルを取られるほどでもないプレーでＰＫ（ペナルティーキック）を取られて、日本選手が猛烈に抗議したら、その主審が「お前らには勝たせない」って思わずドイツ語で口にするんです。僕はドイツ語がわかるので、ピッチに入って行って、「お前のいったことは全部わかるんだ。許さん！」とどなるんです。

僕は退場になるんだけれど、主審も自分が悪かったというので第4レフェリーが代わりに入ってきて、試合は同点のまま最後はＰＫ戦になって、そこで負けるんです。

すべて空想なんですが、そういう映像をボーッとしながら何度も何度も頭の中で思い浮かべていました。

そういえばＰＫ戦で負けるのは、実際のパラグアイ戦（南アフリカ大会の決勝トーナメント1回戦）と一緒でしたね。

なぜかはわからないけれど、僕は昔からそういうふうに頭の中でイメージを膨《ふく》らませていることがよくあります。

中学生のとき、ドイツへサッカー留学してプロになろうと考えたときも、ドイツ人の中に眼鏡をかけた日本人の自分がいて、目の覚めるようなシュートを打っているところとかよく思い浮かべていました。

王　そこまでイメージするとはすごいですね。

岡田　ビジネス書などでよく目標を紙に書き出そうと書いてあるけど、紙に書くだけで本気で信じられるなら、誰だって苦労しません。

あるいは、「岡田さんは代表チームで、どういう指導やトレーニングをしたんですか?」と聞かれることがありますが、人のやり方を真似して成功するんなら、そんな簡単なことはないですよ。

そんな安易なことじゃなくて、自分の目標を客観的にとらえながら、いまお話ししたようなイメージの世界で、その目標を達成している自分をリアルに感じないとだめな気がするのです。

目標を目指しながら、その目標が自分とはもう別のものではなくて、自分の中に入り込んでいる、そういう感覚なんです。そこまでいかないと、本当に目標を信じきるというのはできないんじゃないでしょうか。

王 小さい頃から目標設定や目標をイメージすることが、得意だったんですね。

岡田 小さい頃から妄想はすごかったですね(笑)。考えてみると、そういう妄想というか、イメージの力が無意識のうちに自分の背中を後押ししてくれたような気がします。

王　そうやって、結果を出し続けていらっしゃるんだから、大したものです。

岡田　いや、そんなに結果を出しているわけではありません。ワールドカップも結局、「ベスト4」までいかなかったですから。まわりからは「すごいですね」とよくいわれるんだけど、自分では全然そんな感じはしません。

それに、僕のサッカーでの目標は、何らかの形で世界一になることなんです。

98年のワールドカップ・フランス大会のとき、決勝戦までフランスに残っていて、フランスが優勝したところに居合わせたんですが、シャンゼリゼ通りに10分で100万人の人が集まったんですよ。その熱気を肌で感じて、「世界一ってやっぱりすごいなー」と思いました。そのとき、一度でいいから世界一になりたいって心から思ったんです。

その後、「世界一になるためにはどうしたらいいだろうか」と考えて、日本代表で無理なら単独のクラブチームでクラブワールドカップに勝てばいいじゃないか、と考えたこともありましたが、まだ達成できていません。

その点、王さんは個人の記録でも日本代表でも世界一になられている。すごいことですよね。


王　記録はともかく、野球と出会い、夢中になってやってこれたというのが幸せなことです。いまは、少しでもその野球に恩返しするのが僕の夢です。

２００６年から始まったＷＢＣ（ワールド・ベースボール・クラシック）で日本代表は２大会連続して優勝しましたが、次はオリンピックで日本が金メダルを獲れたらうれしいですね。

残念ながら来年（２０１２年）のロンドンオリンピックで、野球は正式種目からはずれてしまいました。オリンピックで正式種目になるには少なくとも75カ国4大陸で競技が行われていることが条件です。だから、世界中で野球を楽しむ人たちの底辺をもっと広げる必要があります。

いま国際野球連盟に加盟している国は120以上ありますが、日常的に競技としてやっている国は30カ国ほどです。その数をもっと広げるのも僕にとっては大きな夢なんです。

「自分のため」を突き抜けて初めて見えるもの

王　岡田さんはサッカー以外でも、環境問題とか幅広くいろいろ活動されていますね。

岡田　大学時代、たまたま『成長の限界 人類の選択』（デニス・メドウズ著）という本を読んで、環境破壊とか化石燃料の限界などに関心を持ったのがきっかけです。いまでも自分にできることを少しずつやっているだけです。

ただ、早稲田のサッカー部の部長だった堀江先生の影響で、20代の頃から何か発言したり行動したりするとき、「オレはいまどのレベルで考えているんだろうか」ということは意識してきました。つまり、自分のためなのか、家族のためなのか、あるいはコミュニティーのため、さらにいえば未来の世代とか地球全体のためなのか……。

王　何のために生きるのか、みたいなことを考えていらっしゃるんですね。

岡田　正直いうと、そんなに深くは考えていないです（笑）。もっと本能的な部分で、たとえば家内の笑顔が見たい、子どもたちの笑顔が見たい、といったことなんです。

　僕がなんでサッカー日本代表の監督をやったのかというと、それは意地や名誉、あるいはお金のためでもあるんですが、最後にいつも行き着くのは自分自身と選手、スタッフ、そしてその家族を笑顔にしてあげたい、喜ばせてあげたいということでした。それが僕の生きがいであり、生きている意味なのかもしれないと思ったんです。
ひょっとして、あのパラグアイ戦のとき、僕自身が日本中の子どもを笑顔にしたい、日本中のサポーターを笑顔にしたいと心の底から思えるレベルに達していたら、チームは勝っていたかもしれません。

王　みんな十分感動したし、笑顔になっていましたよ。

岡田　そういっていただけるとうれしいんですが、あの試合は、試合前から絶対勝つと信じきっていました。それなのにPK戦とはいえ、勝てなかった。なぜ勝てなかったのか。
結局、監督である自分の勝利への執念が足りなかったんじゃないかと思うんです。その執念がどこから生まれるかというと、「誰のために戦うのか」という意識のレベルのような気がするんです。

王　「勝負は時の運」とよくいいますが、最後の最後ではおっしゃる通り、勝利に対する気持ちの強さが大きく影響しますよね。それは僕も何度も経験してきました。

岡田　そういう勝利への執着はまず「自分のため」ではあるんですが、その先へ突き抜けると、また違うところに行き着くような気がします。

あるとき、座禅《ざぜん》を習っている和尚《おしょう》さんに、「岡田さんは傲慢《ごうまん》だからね、人に頭を下げることがないでしょう?」と聞かれて「ないですね」と答えたら、「毎日、何か頭を下げるものをつくりなさい」といわれました。それで自宅に仏壇《ぶつだん》を置いて、毎朝お線香を立てて先祖を拝《おが》むようにしていたら、いつの間にか「結婚して、子どもが生まれてきてくれて、元気に育ってくれてありがとうございます」と心の中でつぶやくようになっていたんです。

もうひとつ、その和尚にいわれたのは、「掃除《そうじ》をしなさい」ということです。掃除なんてしたことなかったんですが、「掃除は心を掃《は》くんです」といわれて、それから毎朝、家の前を掃いています。もう近所じゃ有名ですよ。ただ、蓋《ふた》のついた金属製のチリトリの開け閉めがうるさいって、家内に怒られるんですけどね（笑）。

最初の頃は、掃いているときに近所の奥さんがゴミ出しに出てきたりすると、隠れたりしていました。「えっ、岡田監督が家の前の掃除？」と思われるのがちょっと恥ずかしかったんです。日本代表の監督なんだから、豪胆《ごうたん》な人間に見てもらいたいというのもあるじゃないですか（笑）。

ところがある日、ふと気がついたんです。和尚が掃除をしろといったのは、そうやって人に見られているときにこそ、堂々と掃けということなのかもしれないなって。人にどう思われようと関係ない。そう気づいてからは近所の奥さんにも、「おはようございます」ってこちらから声をかけられるようになりました。そうしたら、すごく気持ちがすっきりするようになりました。掃除が修行《しゅぎょう》だとすると、そこから得られたのは、人にどう思われるかなんて気にしても仕方ないということです。

王　僕も、胃がんの手術をして「死」の近くまで行ったら、自分のことはあまり考えなくなりました。一度なくしかけたこの命を、世の中のためにどう役立てるかということをよく考えています。

「自分のため」を突きつめていくと、どこかで自分を突き抜けて見えてくるものがあるのかもしれませんね。

第10話のまとめ

● 失敗を人のせいにしたら、成長はそこでとまる。何事も「自分のため」と思って取り組めば、結果は必ずついてくる。

- 人間は知らないうちに自分の枠にとらわれているので、目標は高すぎるくらいのほうがいい。
- 目標設定そのものは大きな問題ではない。成功のカギを握るのは、目標を本気で信じてチャレンジできるかどうかだ。

第11話 プロの世界とはどういうものか、教えてあげよう

プロに「楽しむ」なんて気持ちはない

王　僕にとって、大好きな野球を一生の職業にできたっていうことは本当に幸せなことでした。

岡田さんも、中学で出会ったサッカーが大好きになって、日本代表としてプレーしたり、Jリーグの監督になったり、ワールドカップでは2度も指揮をとったり……。ずーっと日本のサッカー界の最前線で活躍されてきたわけですよね。

岡田　本当に幸せなことです。

王　ただ振り返ってみると、野球が好きだっていうのはベースにはありますが、プロの世界の厳しさについても強烈な印象が残っています。プロというのは結果が出てようやく、ほっとできるんです。期待されながらうまくいかないときは、それはそれはものすごく苦しいものです。

チャンスの場面で三振でもしようものなら、スタンドから何百人、何千人というファンのため息が聞こえてくるんです。

だから、プロになるともう、「野球が好き」といったことはいわなくなるし、「楽しい」という言葉も使いませんでした。

最近は「精一杯、楽しみます」という選手もいるようですが、そんな言葉が口から出るようじゃ、まだ自分をギリギリのところまで追い込んでいないんじゃないかな。あるレベルまでいくと、楽しむなんて気持ちは出てきませんよ。

岡田 僕の場合、サッカーを楽しむということでいえば、中学で毎日練習すると少しずつ上手になるのが実感できた、あの頃がいちばんだったかもしれませんね。

王 プロになると、相手だって必死の思いで挑んでくるわけで、それに打ち勝っていくには相手以上に技術を磨いて、気持ちを強く持って、勝負に勝てるだけの体力も維持していかなければなりません。

たとえば、試合で僕が打席に立つと、相手チームは「王シフト」[*16]を敷《し》くんですが、そんなことは気にせず、僕はいつも思い切り引っ張ってホームランを打つことだけを考えていました。

岡田　王さんのそういうときの心理状態というのは、勝負に集中して無我《むが》の境地《きょうち》になっているのかなと思います。「楽しむ」というのとは違うでしょうが、かといって「勝たなければ」という意識が強すぎても身体がスムーズに動かず、うまくいかないのではないでしょうか。

王　そうですね。僕は33歳でホームラン、打点、打率の三冠王《さんかんおう》を獲得したんですが、そのときはいわゆる「心技体《しんぎたい》」がそろった絶頂期《ぜっちょうき》で、ボールが「どうぞ打ってください」とでもいうようにゆっくり来るんです。バッティングが簡単に思え、自分でも面白いように打てました。

岡田　サッカーでも、選手のパフォーマンスが最大限に発揮される無我の境地を

「ゾーン」とか「フロー」といって、僕自身かなり注目しています。そういう状態を意識的にどうつくり出すかが難しいんですが、王さんはたゆまぬ練習と、尽きることのない向上心で、自然にゾーンに入るやり方を身につけられたのだと思います。

王　そうかもしれませんね。ただ、僕らの頃はお金を払って見に来てくれているお客さんに、なんとか喜んでもらいたいという気持ちがより強かったように思います。

いまはドーム球場があちこちにありますが、昔は少しくらい雨が降ってもプレーして、今日はこの街、明日はあの街と転戦《てんせん》するわけです。みんながゴールデン

＊16―王の一本足打法は常にホームランを狙って右方向へ強く引っ張るため、打球も右方向へ飛ぶことが多かった。そこで相手チームはいつしか、王が打席に立つと内野手、外野手とも右方向に守備位置を変えるようになり、これが「王シフト」と呼ばれた。左方向へ打てばヒットが出る確率は格段に高くなるが、王は決して自分のバッティング法を変えようとはしなかった。

ウィークだ、お盆休みだといっているとき、我々は一生懸命試合をしている。土日が〝稼ぎどき〟であって、家族サービスもほとんどできませんでしたが、それがプロというものだと思っていたんです。

お金をもらう以上はお客さんの期待にこたえ、満足してもらわなければなりません。僕の父親は、中華料理を食べに来てくれるお客さんが味について好き勝手をいっても、また来てもらえるように絶えず工夫し、努力していました。そういう姿を見て育ったのが、僕のプロ意識の原点にあるのかもしれません。

プロはオフの過ごし方にも気を遣う

岡田　プロの仕事というのは、試合や練習のときだけのことではありません。ハードな練習をすると、体力が一時的にガクンと落ちます。そこで栄養補給をしたり休養をとると、リバウンドで前より少し体力が上がります。きつい練習で身体をいじめて、その後しっかり調整すると、体力は以前より高いレベルになるんです。練習のときに負荷《ふか》をかけないと回復の程度も低いので、僕らは最高の回復を狙ってトレーニングのメニューを組むわけです。

ところが、練習の後で酒をたくさん飲んだり、あまり寝ていなかったりすると、以前の体力まで戻る前に次の練習時間が来るので、逆に体力が落ちていきます。次の日にまた彼女とデートして、カラオケにも行っていたら、さらに体力は落ちてしまいます。

アマチュアの選手というのは練習でいったん体力を落とすところまではできても、その後の回復がきちんとできない。プロというのは、練習の後、トレーニング効果が最大限に発揮されるところまで含めて、お金をもらっているんです。だからプロの世界では、オフの過ごし方にもものすごくうるさいんです。それは基本中の基本なんです。

もし、同年代のヤツと同じように夜遊びしたいんだったら、プロなんて辞めたらいい。

こういう話を学生や若い選手にすると、「意志が弱くて、つい遊んでしまうんですが、どうしたらいいでしょう」と質問されたりしますが、「そのまま弱い自分を受け入れたらいいんじゃない？　たまに飲みに行ったり、遊びに行ったりしてもいいと思うよ。君は別にトップアスリートになるつもりじゃないだろう？」と答えます。

細かいことで自分は弱いなんて思う必要もないし、逆にそこで満足するならそこまでなんだろうし、人生において何が幸せか、何が成功かなんて、自分で決めるしかないんです。

辞めるときは自分で決める

王 プロの世界では、いつか引退する日が来ます。

僕は願望も含めて、43歳までは現役で野球を続けられると思ってやっていました。

でも40歳のとき、自分で「もう、いっぱいいっぱいかな」と思うようになりました。このまま続けていると、打てなくなったときに、「あのときに辞めておけばよかった」と悔やむような気がしたんです。そういう悔やみ方だけはしたくなかったので、引退を決めました。

前にもいったように、野球のバッターなんて、7割以上失敗するんです。わずか3割のチャンスなのにヒットが打てず、スランプになって、「あのときに……」と思うのは嫌でした。

岡田 僕はもっと若く、34歳のときに現役引退を決意しました。

大きなきっかけになったのは、来日していたバイエルン・ミュンヘンという西ドイツ（当時）のプロチームと日本リーグ選抜が親善試合を行い、1対2で負けたことです。点差だけ見れば善戦《ぜんせん》ですが、ピッチでプレーしていた僕は海外トップチームとの埋めがたい差を感じて、日本人が海外のトップチームを相手にどうしたら勝てるのかを考えてみたいと思ったのです。

そうしたら、ちょうど会社からコーチをやらないかという話がきました。さらに前にもいった通り、当時サッカーがプロ化する動きがあって、先輩や知り合いも数多く関係していて、その流れに乗りたいという気持ちからコーチになったんです。

王　決断というのは、いろいろな要素が関係しますね。自分の限界を感じることもあるし、自分がやってきたスポーツとの関わりもあるでしょう。

特に、同じ時代を生きた人間同士の絆《きずな》というのは、その人じゃなきゃわからないところがありますね。

指導者は嫌われる

岡田 王さんは指導者として、選手たちとの関係で苦労されたことはありますか？

王 僕は現役を引退してから3年間、巨人の助監督をやり、その後、5年間、監督を務めました。また、6年ほどユニフォームを脱いだ後、1995年から14年間ホークスの監督として指揮をとってきました。

巨人でもホークスでも、最初のうちは選手との接し方にとまどいましたね。僕が簡単にできたことがまったくできない選手もいるわけで、「なんでこんなことができないんだ？」という疑問がどうしても出てきます。「名選手、名監督にあらず」とよくいわれますが、確かに教えたりするのは、あまり得意ではなかったかもしれません。でも、苦労する中で指導者としての勉強をさせてもらったし、人に教える喜びも感じられるようになりました。

僕はプロ野球選手ほど、いい仕事はないと思っています。好きな野球をやってお金がもらえて、活躍すれば多くのファンが喜んでくれる。その幸せをぜひ多くの選手たちに味わってほしいと思って、野球にたずさわってきました。少しでも長く、選手たちがユニフォームを着続けられるようにと、僕の持っているものを伝えてきたつもりです。

岡田　指導者というのは、試合に勝たなければなりませんが、同時に選手を育てることも求められます。いずれもそう簡単なことではありません。選手から褒められよう、好かれようなんて考えは捨てないといけませんね。

ブラジルの英雄で日本でもプレーしたジーコが、２００６年のワールドカップ・ドイツ大会の日本代表監督だったとき、それまでレギュラーだったあるフォワードの選手を最終メンバーからはずしたんです。その選手は、僕が監督をしていた時代の横浜F・マリノスの主力で、奥さんが彼を練習場に迎えに来たとき、かわいい彼の娘が大きな声で、「ジーコ、だいっきらい」って叫んでいました(笑)。

「オレもあちこちで同じことをいわれているんだろうな……」と思いましたが、しょうがありません。監督として代表メンバーは23人しか選べないんですから、腹をくくらないといけない。

王 先ほどいいましたが、プロ野球では各球団の支配下選手が70人いて、そのうち28人しか一軍登録できません。さらに試合に先発で出られるのは、パ・リーグでは指名打者を入れて10人ですからね。ベンチで控えの選手や二軍の選手たちの家族は、「なんで使ってくれないんだ」と腹立たしく思っているでしょう。

岡田 サッカーではワールドカップに出られるか出られないかで、その後の選手の人生が大きく変わりますから、親御さんやご家族の気持ちはよくわかります。

だから、僕は同じチームの選手とは絶対に酒を飲みません。結婚式の仲人もどんなに頼まれても引き受けません。昨日まで仲よく話をしていながら、次の日に「メンバーからはずれてもらう」なんてことはいえませんからね。

王　野球界も最近は、監督やコーチと選手のそういう親しい関わりはなくなってきましたね。

岡田　王さんも、2006年に第1回目のWBC（ワールド・ベースボール・クラシック）で日本代表監督として優勝されたとき、各球団の主力選手を集めてきたのに、中にはずっとベンチで出場の機会がない選手もいたんじゃないですか？

王　そうなんです。WBCは3月にあって、終わったらレギュラー・シーズンがすぐ始まります。選手だって調整したいわけですよ。調整するには試合でプレーするのがいちばんなんですが、どうしても使う機会のない選手も出てきます。みんな「よーし、活躍するぞ！」と思って来たのに、試合に出られない選手の顔を見るのは本当に辛かったです。

でも、勝つためには監督として最善の方策を考え、決断しなければならない。監督というのはそういう立場なんです。

岡田　試合に勝つため選手にとって厳しい決断をする一方で、スタメンをはずした選手やなかなか出番のない選手には声をかけて、モチベーションを維持できるようきちんとフォローもされたんでしょう?

王　それはやはり、最後までチームの勝利を信じて、みんなの力を結集するためです。最後に勝てば、悪いことは全部消えてくれる。だから勝たないといけないんです。

岡田　どんな分野であれ、プロの世界にはそれぞれ想像を絶するほどの厳しさがあります。それを乗り越えてこそ、本物の達成感や満足感があるんだと思います。

第11話のまとめ

- プロは常に結果が求められる。自分をギリギリまで追い込むと、「楽しむ」なんて言葉は出てこない。
- プロは練習後の体力回復まで含めてお金をもらっているから、オフの過ごし方も仕事の一部。
- 想像を絶するほどの厳しさを乗り越えてこそ、プロとしての達成感や満足感を得られる。

第12話 どんな小さなことでもいい、若いうちからリーダーシップを学んでほしい

目標の実現に突き進むのがリーダー

王　大相撲の世界では最高位の横綱《よこづな》になることを「綱をしめる」といいます。僕や長嶋（茂雄）さんは巨人でリーグ9連覇を達成する主力を務め、「ON《オーエヌ》」と並び称され、プロ野球の世界でいわば、「綱をしめる」ところまでいきました。そのことについてはすごい達成感を感じますし、プライドもあります。
　だから、僕は野球についてはもう本当に、人に譲らないところがあるんです。
岡田　普通プライドが高いというと、ツンツンしているようなイメージがあるかもしれませんが、王さんがおっしゃるプライドってそういうことじゃないですよね。「自分はこうあるべきだ、こうするんだ」という考えがあって、それに対する強いこだわりを持って、歩んでいくことだと思います。
王　そうですね。現役を退《しりぞ》いたいまは、日本はもちろん、世界中の子どもたちに野球の素晴らしさを伝えることが自分の使命だと思って、今度はそのことについて誰にも負けないプライドを持って取り組んでいます。

岡田　そういうこだわりはすごく大事だと僕も思いますし、同時に柔軟であることも必要な気がしています。

僕はこれまで、あまり最初から「自分はこうだ」と決めつけるのではなく、まわりからどんどん意見を聞くようにしてきました。

Jリーグの監督時代、連勝しているチームの年下の監督に電話して「おい、この前の試合、うまいことやったけど、あれどうしたの?」とか平気で聞いていました。日本代表の監督時代も、まわりにしょっちゅう、「おい、なんかいい考えはないか」と聞いていました。そうするとみんな、「ああすればいい、こうするのはどうだ」といってくれるんです。

ただ、それだけでは頼りないリーダーで終わってしまいます。だから、最後は自分で決めるんです。

ミーティングのとき、スタッフの話を聞いた後でホワイトボードを2つぐらい並べて自分の考えをバーッと書き出します。まわりは何を書いているのかわからないでしょうが、僕としては頭の中のものを全部吐き出して、しばらくすると、アイデアが固まるんです。右へ行くのか左へ行くのかという最後の決断については、「お前ならどうする?」なんてまわりに聞くことは絶対にしませんでした。

リーダーとして、最後の最後に自分の責任において決断する。そこを譲らなければいいんです。そんなふうに柔軟だけれど頑固なので、よく矛盾《むじゅん》しているんじゃないかといわれることがあります。でも、ある意味、人間の存在そのものが矛盾なんですから二者択一《にしゃたくいつ》なんてありえないと思います。

目標がある程度明確になったら、それを達成することが大事なのであって、そのためにはいろいろな方向からアプローチして、とにかくなんでもやればいいいんです。

王 「勝つ」ことに対する執念やこだわりは、岡田さんも人並みはずれて強いですよね。

岡田 「途中はどんなに苦しくても、最後には絶対勝ってやる」という気持ちです。

ワールドカップ・南アフリカ大会の2、3年前にメンタルトレーニングを専門にしている大学の先生に会ったとき、「岡田さんってなんだかんだいいながら、最後には自分が絶対勝つと思ってるでしょう?」といわれて、ドキッとしたことがあります。本当にいつもそう思っていますから(笑)。

王 監督というのは、それくらい強く思っていないとだめですよね。選手にも、必ずその思いは伝わります。そういうのは、どんな分野でもリーダーに必要な条件でしょう。

岡田　「リーダーはどうあるべきか」ということについては、決断力や判断力といったことがいわれます。もちろん、それは大事なことだし、身につけなければなりません。しかし僕はリーダーにとっていちばん大事なのは、自分が成し遂げたい目標をはっきりと掲げ、まわりがなんといおうが、命を懸《か》けてその実現へ突き進むことだと考えています。

もちろん、その目標は他の誰よりも次元が高く、私利私欲とも関係ないものでなければなりません。そういう目標へ向かって必死に努力している姿を見て、まわりの人はついてくるんです。

別に頭がよくて議論がうまいとか、品行方正でいい人だとかいうのは、リーダーの資質には関係ありません。

幕末に活躍した坂本龍馬がいまでもなぜ人気があるのかというと、権力とか名誉、財産なんかには目もくれず、「この国をなんとかしなくちゃ」と必死になっていたからです。

王　必死な気持ちというのは、時代を超えて人に伝わるものですね。

岡田　僕の場合、これまで頑張ってきた根底にある目標というのは、選手やスタッフと、その家族を喜ばせたいということでした。自分でももっと高い目標をつくれないかと頑張ったけど、残念ながらだめでした。どうしてもそれ以上は、本気になって信じることができない。僕が本気で達成しようと思えるのはそこまでだったし、それが限度だったんでしょう。

ただ、長年家をほったらかしにしてきたため、いまはまず家内を喜ばせなきゃいけないというので、やや後退していますがね（笑）。

王　それだって十分難しい目標ですよ（笑）。

言葉の力を信じる

岡田　僕がこんなことをいうのもどうかと思いますが、最近の日本の政治家を見ていると、「オレは日本をこういう国にするんだ！」という強烈な意志が感じられません。いろんな目標は掲げるんだけど、コロコロ変わってどこまで本気なのかわからないし、実現しようと汗をかいて努力しているようにも見えない。それじゃ、誰もついてきません。

リーダーにとって言葉は決定的に重要です。「言霊《ことだま》」といわれるだけあって、言葉には霊魂が宿《やど》っているんですよね。口先だけでいっているのか、本気でいっているのか、誰でも一瞬で見抜けるんです。

野球でもサッカーでもそうでしょうが、選手は監督の言葉にすごく敏感です。監督が「おい、ベストを尽くすぞ」と口にしても、本当にそう思っていなかったら、すぐ見破られて誰もついてきません。まず自分が本気で信じて、すべてを犠《ぎ》牲《せい》にする覚悟を決めないと、本物の言葉は出てこないものです。

王　言葉は本当に重要ですね。

　僕が第1回WBCで日本代表チームの監督を務めたとき、最後は優勝を飾ることができたんですが、そこまでの道のりはとてつもなく険《けわ》しかった。アメリカへ行っての第2ラウンドでなかなか勝てず、アメリカがメキシコに2点とられて負けるという大番狂わせがあったから準決勝へ進めたり、偶然にもずいぶん助けられました。

　でも、最後は指揮官がどこまで勝つつもりなのか、です。自分が弱気になれば選手にもすぐ伝わります。監督としてもっとも重要だった仕事は、「次は勝つ」といい続けたことかもしれません。

手本となるリーダーを見つける

岡田　リーダーの姿というのは、必ずまわりの人たちにも影響を与えるんです。若い人たちもいまのうちからぜひ、リーダーのあり方、つまりリーダーシップというのを意識してほしいと思います。自分の身近なところで本当のリーダーと呼べる人は誰か、手本を探してみてください。その人は何を考えてどんな言葉を発し、どんな行動をとっているのか、よく見ておくことです。本物のリーダーは地位や名誉、年齢なんか関係ありません。そしてチャンスがあれば、自分でもそういうリーダーシップを真似してみる。

いまの日本は大きな変化の時期にさしかかっていると僕は考えています。こういう時期だからこそ、スポーツの世界はもちろん、いろいろなところで本物のリーダーが育ってほしいと思っています。

王　リーダーにとっていちばん大事なのは、気の持ちようです。常に前向きに夢を持って頑張ることが、まわりに勇気を与えます。若い人たちは誰でもリーダーとしての可能性を秘めているのですから、自分を信じて、自分の夢に、思い切り挑戦してほしいですね。

多くの分野で次の時代の日本を背負《せお》っていく人がたくさん出てくると信じています。

第12話のまとめ

- 頭がよくて議論がうまいとか、品行方正でいい人だとかいうのは、リーダーの資質には関係ない。
- リーダーにとって言葉は決定的に重要だ。言葉には霊魂が宿っており、口先だけか本気でいっているのかは、一瞬で見抜かれる。

●自分の身近なところで本当のリーダーと呼べる人を探し、その思考や言葉、行動を真似してみる。

おわりに

岡田武史

福岡ソフトバンクホークスの球団会長であり、日本のプロ野球界を代表する王貞治さんとは、これまで何度かお会いする機会があり、野球関係ではもっとも親しくさせていただいているおひとりです。

いまでも憶えているのは、僕が成績不振の責任をとって、横浜F・マリノスというチームの監督をシーズン途中で辞めたときのことです。突然、自宅に大きな花束が届き、「誰からだろう」と思って見たら、送り主に「王貞治」と書いてありました。

チームが優勝したりすると、たくさんの方がお祝いを贈ってくれますが、〝失業《しつぎょう》〟した者に労《ねぎら》いの意味を込めて花を贈る王さんの優しさに、心から感動しました。しかも、そのとき王さんは胃がんの手術を終えて、入院先でリハビリをしていらっしゃったのです。

今回、王さんとこれまでなかったくらいじっくりお話をしたところ、意外にも考え方にお互い共通点があって、光栄というか驚きました。とりわけ若い世代に対して、自分たちが経験してきたものを伝えていきたい、という思いが一致していたのではないかと感じています。

日本の社会はいま、大きく変わる時期にあると思っています。日本はすでに人口が減り始め、少子化で若い世代が少なくなってきています。そのため社会全体のエネルギーが失われつつあるように思います。

しかし、逆にいえば、これまでの効率や便利さ優先の発想を変え、世界でも例のない新しい価値観を持つ国をつくるチャンスでもあります。今回の大震災で多くの日本人は、人生で本当に大切なものは効率でも便利さでもなくて、人と人の絆だということに気づいたのではないでしょうか。

そうした時代の大きな転換期《てんかんき》に多感《たかん》な時期を迎えた若い君たちが何を感じ、どう行動するのか。それは日本のこれからを左右する、とても大切なことだと思います。

「人生で本当に大切なこと」をめぐる王さんと僕の対談の中に、君たちが何かを考えたり行動したりする際のヒントがきっとあると信じています。

王さんと僕は、ずっと君たちの応援団です。

著者略歴

王 貞治《おう・さだはる》

1940年東京都生まれ。福岡ソフトバンクホークス球団取締役会長。早稲田実業学校から読売巨人軍に入団。77年に世界記録となる通算756号本塁打を放ち、初の国民栄誉賞を受賞。数々の記録を打ち立て、80年に現役引退。巨人監督(84～88年)を経て、ダイエー及びソフトバンク監督(95～2008年)を務める。06年には第1回WBC日本代表監督として指揮をとり、優勝。

岡田武史《おかだ・たけし》

1956年大阪府生まれ。サッカー日本代表前監督。早稲田大学政治経済学部を卒業後、古河電気工業サッカー部(現ジェフユナイテッド市原・千葉)に入団。98年フランスで行われたW杯に初出場の日本代表監督を務めた後、99～2001年コンサドーレ札幌監督、03～06年横浜F・マリノス監督を歴任。10年南アW杯で再び日本代表監督を務め、ベスト16進出を果たす。

幻冬舎新書 236

人生で本当に大切なこと

壁にぶつかっている君たちへ

二〇一一年十一月三十日 第一刷発行
二〇一三年 一月二十日 第五刷発行

著者 王 貞治＋岡田武史

発行人 見城 徹
編集人 志儀保博

発行所 株式会社 幻冬舎
〒一五一-〇〇五一 東京都渋谷区千駄ヶ谷四-九-七
電話 〇三-五四一一-六二一一(編集)
〇三-五四一一-六二二二(営業)
公式HP https://www.gentosha.co.jp/

ブックデザイン 鈴木成一デザイン室
印刷・製本所 中央精版印刷株式会社

検印廃止
万一、落丁乱丁のある場合は送料小社負担でお取替致します。小社宛にお送り下さい。本書の一部あるいは全部を無断で複写複製することは、法律で認められた場合を除き、著作権の侵害となります。定価はカバーに表示してあります。

©SADAHARU OH, TAKESHI OKADA, GENTOSHA 2011

Printed in Japan ISBN978-4-344-98237-6 C0295
お-11-1

*この本に関するご意見・ご感想は、左記アンケートフォームからお寄せください。
https://www.gentosha.co.jp/e/

幻冬舎新書

中村俊輔
察知力

自分より身体能力の高い選手と戦うには、相手より先に動き出すこと。それには、瞬時に状況判断をして正解を導く「察知力」が必須。中村俊輔はこの力を磨くために独自のサッカーノートを活用していた。

楢﨑正剛
失点
取り返せないミスの後で

ミスが勝敗に直結するゴールキーパーは、深い絶望と激しい焦りから逃れられない。760超の失点を乗り超え、完封172という日本記録を作った、日本の"守り神"に、メンタルタフネスを学ぶ。

宮本恒靖
主将論

主将は、独立意識の強い選手たちを一枚岩にする大変難しい仕事だ。二度のW杯で、中田英寿、中村、小野らスター選手を束ねてきた著者による、個を連動させ組織力を倍増する献身的リーダー論。

井口資仁
二塁手論
現代野球で最も複雑で難しいポジション

見栄えに拘っているうちは一流にはなれない。視点を変えて目標を細分化し、地味な結果をひとつひとつ積み上げていくことが、実は成功への最短距離なのだ。目から鱗の成功バイブル!

幻冬舎新書

岡田彰布

動くが負け
0勝144敗から考える監督論

決して自分から先には仕掛けず、相手の作戦を察知してから采配を振るう。勝つためには常に最悪の展開を想定し、「完璧な準備」をしておけばいい。マイナス思考でプラスの結果を引き出す、究極の戦術。

小笹芳央

「持ってる人」が持っている共通点
あの人はなぜ奇跡を何度も起こせるのか

勝負の世界で〝何度も〟奇跡を起こせる人を「持ってる人」と呼ぶ。彼らに共通するのは、①他人②感情③過去④社会、とのつきあい方。ただの努力と異なる、彼らの行動原理を4つの観点から探る。

岡田尊司

人はなぜ眠れないのか

不眠で悩む人は多いが、どうすればぐっすり眠れるのか。睡眠学や不眠症臨床の最新知見から、不眠症を克服する具体的方法や実体験に基づく極意まで、豊富なエピソードを交えて伝授。

小宮一慶

ぶれない人

「ぶれない」とは、信念を貫くことである。だが、人は目先の利益にとらわれ、簡単に揺らいでしまう。長期的には信念を貫ける人ほど成功できるのだ。人気コンサルタントが本音で語る成功論。

幻冬舎新書

桜井章一
ツキの正体
運を引き寄せる技術

ツキは、突然湧いてくると思われがちだが、実は必ず人を選んでいる。麻雀の世界で二十年間無敗の伝説を持つ著者が、場の空気の変化を敏感にとらえ、運の流れを見抜く方法をわかりやすく伝授。

日垣隆
折れそうな心の鍛え方

落ち込み度の自己診断法から、すぐ効くガス抜き法、日々の生活でできる心の筋トレ法まで。持ち前のアイディアとユーモア精神でウツを克服した著者が教える、しなやかな心を育てる50のノウハウ。

林成之
脳に悪い7つの習慣

脳は気持ちや生活習慣でその働きがよくも悪くもなる。この事実を知らないばかりに脳力を後退させるのはもったいない。悪い習慣をやめ、頭の働きをよくする方法を、脳のしくみからわかりやすく解説。

香山リカ
しがみつかない生き方
「ふつうの幸せ」を手に入れる10のルール

資本主義の曲がり角を経験し人々は平凡で穏やかに暮らせる「ふつうの幸せ」こそ最大の幸福だと気がついた。自慢しない。お金、恋愛、子どもにしがみつかない――新しい幸福のルールを精神科医が提案。